KB204347

고상환

목회자의 비윤리적인
행동에 반기를 들고
교회개혁에 뛰어들었다가
기독시민단체활동에
적극적으로 가담하게 되었다.
대학 시절 꿈꾸던 신학공부를
웨스트민스터신대원에서 하게
되고 그것도 모자라 평신도를
위한 신학운동을 하고자 맘
맞는 신학자들과 기독연구원
느헤미야를 설립하여
사무처장으로 섬기고 있다.
경기도 화성에서 서울까지 야간
이동을 하며 체력이 다하는
날까지 하나님 나라 위해 뛰는
게 소망이다.

권연경

서울대 영문학과와 미국
풀러신학대학원, 예일 대학교를
거쳐 영국 킹스칼리지 런던에서
신학박사학위를 받았다.
웨스트민스터신학대학원대학교와
안양대학교를 거쳐 숭실대학교와
기독연구원 느헤미야에서
신약을 가르치고 있다.
샘물교회와 주님의보배교회
등에서 협동사역과 설교를
담당하고 있으며, 교회의
어려움에 도움을 주는 의리의
목사이다.

김형원

서울대 경영학과와
총신대신대원을 졸업하고
미국으로 유학하여
고든콘웰신학대학원과 보스턴
대학교를 거쳐 트리니티
복음주의신학대학원에서
신학박사학위를 받았다.
창천동에 있는 하.나.의.교회를
섬기며, 성서한국 이사와
월간 〈복음과상황〉
발행인을 맡고 있다.
웨스트민스터신학대학원대학교
교수를 거쳐 2011년부터
기독연구원 느헤미야의 원장을
맡고 있으며, 성도들과 격의
없이 교제하고 운동하는 것을
즐기는 목사이다.

김근주

학부에서는 경제학을
전공했지만, 주님의 은혜로운
인도하심을 따라 신학교에
가게 되었고, 결코 상상해 본
적이 없었는데 목사가 되었다.
예언자들이 외치는 심판뿐
아니라 그들이 외치는 회복의
메시지야말로 예수께서 이
땅에 선포하신 하나님 나라의
내용임을 깨닫고, 이를 연구하고
준행하고 가르치는 삶을 살기를
소망하고 있다. 소망이 그렇다는
거지, 실제로는 연구나 준행,
가르침 모두에서 '허우적거리고'
있다.

느헤미야 팟캐스트 3

정치와 술, 왜 못 해?

느헤미야 팟캐스트 3

기독연구원 느헤미야 지음

홍성사

차례

정치하는 그리스도인_

정치인 뽑기, 하나님 뽑기?

본 방송은 2012년 6월 11일과 25일 아이튠즈 팟캐스트에 업로드된 내용입니다.

김형원 《정치하는 그리스도인》 원고 넘긴 지 한 두 달 됐나요? 무슨 내용을 썼는지 생각해 보니까 잘 기억이 안 나서 오기 전에 원고를 한참 들여다봤습니다. 이걸 왜 썼을까 생각을 좀 하면서 정리를 해봤어요. 여러 가지가 있는데 첫 번째는 2012년이 정치의 계절이라고 얘기 많이 하죠? 두 주 후에는 4·11 총선이 있고 12월에는 대통령 선거가 있으니까 다들 정치에 관심이 많아질 때잖아요. 작년 나꼼수 때문에 젊은 층에서 정치에 대한 관심이 폭발적으로 증가하는 이런 상황에 편승하는 게 아닌가 생각을 좀 하기는 해요. 그렇기는 한데 꼭 그렇게 직결되지는 않습니다. 왜냐면 지금 이 땅에서 일어나는 구체적인 이슈보다는 그런 이야기를 하기 위한 기초가 한국 교회에 안 되어 있다고 본 거예요. 원리가 갖춰지지 않고 구체적인 이야기들만 너무 하니까 정리가 안 된 것 같은, 신학적 토대가 없는 느낌이 있어서 그 작업을 하려고 책을 쓴 겁니다. 그래서 되도록 현실에 일어나는 일들과 거리를 두려고 했어요. 물론 예는 조금씩 들었지만 그리스도인들이 정치를 어떻고 보고 어떻게 참여해야 하는지 원리를 정리해 보려고 시도했다고 보면 되겠습니다. 그러니까 나꼼수처럼 통쾌, 유쾌, 상쾌한 것들을 기대하시면 안 되겠어요. 그런 이야기들을 성경적·신학적 기초를 깔고 하면 좋겠다는 목적으로 했고요. 그래서 주제들이 다양합니다. 정치, 기독교인을 말할 때 생각해 볼 수 있는 주제들을 정리하는 의미로 보면 되겠습니다. 그러니까 이것을 중심으로 사람들이 같이 읽고 토론하다 보면 더 심오하고 깊은 이야기가 나오겠죠? 저는 그런 의미에서 이 책이 시발점, 또는 기초 역할을 하면 좋겠다는 생각이 들어요. 우리나라에 기독교와 정치를 다룬 책이 많이 나와 있지 않아요. 나와 있는 책은 대부분 번역서입니다. 한국의 저자들이 한국 상황을 염두에 두고 쓴 책은 제가 알기로는 없어요. 단편적인 내용들은 있지만 본격적으로 정치와 관련된 책을 쓴 것은 찾지 못했거든요. 그런 측면에서 이게 디딤돌이 됐으면 좋겠다는 생각으로 썼습니다. 책이란게 그렇지만 저자가 100퍼센트 독창적으로 쓰는 거는 없습니다. 세상에 그럴 일이 없잖아요. 저도 참고 서적을 많이 봤고 사람들하고 논의했던 것들을 참고했어요. 80~90퍼센트는 빚진 거라는 생각이 들어요. 제 독창적인 의견이나 생각은 아무리 많아야 10~20퍼센트겠다는 생각입니다. 서문에는 못 썼지만 그런 논의를 했던 분들에게 고마움을 표현하는 게 맞다는 생각이 듭니다. 이 자리에 청년들이 많이 와 계신데 지금 한국 교회에서 정치 이야기가 난무하는데 여러분 세대에서는 좀더 튼튼한 토대 위에서 이야기들이 진행되면 좋겠고 심지가 굵은 적용까지 나오면 좋겠다는 바람이 있습니다.

고상환　　　책 제목이 우리의 예상을 깨고 《정치하는 그리스도인》으로 나왔습니다. '그리스도인의 정치' 아니면 '그리스도인의 정치 참여' 이런 식으로 나올 줄 알았더니 예상을 깼네요. 오늘 여기에 대해서 집중적으로 얘기도 나누고 중간중간 끼어들어서 얘기를 해도 패널들은 걱정하지 마시고 하던 대로 하십시오. 굉장히 점잔을 빼시는데 그렇게 하도록 하겠습니다. (웃음)
먼저 세 분이 다 목사입니다. 저는 집사고 세 분이 목사인데, 목사가 정치한다 그러면 어떤 생각이 드시는지요. 김진홍 목사님, 서경석 목사님부터 목사들이 정치 참여를 많이 하는데 혹시 세 분은 정치에 꿈이 있거나 앞으로 정치하실 생각이 있으신지 물어보도록 하죠.

구교형　　　대학생 때까지 정치인이 꿈이었습니다.

제가 85학번인데 요즘 흔히 말하는 486세대의 전형이라고 할 수 있습니다. 고등학교 때만 하더라도 저는 육군사관학교를 준비하고 있었어요. 당시에 전두환이 대통령이었고 그전이 박정희 대통령이었는데 제가 딱 그런 꿈을 꿨습니다. 육사에 가서 군인 돼서 별 달고 쿠데타해서 (웃음) 대통령이 돼야지.

김형원　　　　육사는 키 제한 없어요?

구교형　　　　그래서 떨어졌어요. (웃음) 하나님이 저를 짧게 만드셔서 그런 허황된 꿈을 벗어나도록 하셨습니다. 일반 대학을 들어갔지만 계속 정치에 대한 꿈을 가졌었고 시민운동을 하게 된 이유도 정치라는 꿈을 이루어가기 위한 목적과 뜻이 있었습니다. 요즘 정치에 대해서 굉장히 관심들을 많이 갖는데 저는 예전에 타올랐던 불꽃이 사그라진 것 같아요. 정치에 대한 사람들의 꿈이 타오를 때 저는 허무주의에 빠져 있습니다. 정치의 역할과 필요가 과잉 생산된 게 아닌가 생각합니다. 정치의 중요성은 알고 있지만 정치가 가질 수 있는 거품들을 빼고 정확하게 바라보기가 필요하지 않은

가 합니다. 시간이 지나면서 저는 정치할 사람은 아니
구나 점점 느끼고 있고요. 목사로서 매우 만족하고 있습
니다. 정치할 생각은 없습니다.

김형원   원래 모든 정치인들이 이런 식으로 말
을 해요. (웃음) 그러다가 판이 깔리면 언제 그랬냐 하기
도 합니다.

배덕만   정치에 입문하는 여러 과정이 있지만
저는 훈련된 사람들이 정치를 해야 된다고 생각하거든요,
적어도 현실 정치에 뛰어드는 분들은. 당신 정치할 거냐
고 할 때 저는 이미 정치를 하고 있다고 생각을
합니다. 순수하게 종교적 표현으로 발언하더라
도 제 말이 정치적 함의를 갖고 들리고요.
제가 지난 학기에 기말시험을 페이퍼로 내라고 했는데 저
희 학교 학생이 페이퍼를 내면서 첫 줄에 교수님 저는 우
파입니다 이렇게 적었어요. 그분에게는 좌파적 성향의 교
수가 미국 교회사를 가르쳤고 저의 모든 발언이 자기를 의
식화하려는 것처럼 들렸다는 거죠. 그래서 한 학기 동안
굉장히 힘들었다는 건데 그 뒤에 결론은 좋은 거였어요.

저는 정치를 할 생각이 전혀 없었지만 제 강의 내용에 특정한 정치의식이 들어갈 수밖에 없었고 그것이 듣는 사람들에게도 어느 쪽 라인에 서 있어서 학생들을 끌고 가려 하는구나 감지하는 거죠. 미국 교회사 수업이었지만 그것이 정치적 함의를 갖는 수업이 되었고 학생들에게도 그렇게 전달이 된 거죠. 제가 목회하는 교회에 집사님이 추천을 받고 오셨어요. 근데 제 설교를 한 번 듣고 한 달에 한 권씩 같이 읽는 책 목록을 보더니 목사님 이 교회가 어떤 교회인지 알 것 같습니다, 저랑 맞네요 해요. 그래서 남았어요. 그런데 반대쪽에 있는 분들이 와서 이 자리에 앉아 있기는 굉장히 힘들 것 같습니다 이렇게 얘기하더라고요. 저는 한 번도 대놓고 그런 얘기를 한 적이 없는데 어떤 사람들에게는 특정한 색깔의 의식과 지향점을 갖고 발언하는 것처럼 들리더라는 거죠. 제가 정치 얘기를 하지 않았지만 저의 목회와 수업, 제가 쓰는 글 자체가 특정한 생각들을 드러내고 정치적으로 해석된다는 거죠. 그런 의미에서 저는 이미 정치와 연결되어 살아가고 있다, 기독교인이 정치와 분리되는 것은 불가능하다는 생각입니다.

고상환   정치 목사 배덕만 목사님이셨군요. 김형원 목사님은 어떠세요? 제가 알기로는 정치에 상당히 관심이 많은 걸로 알고 있는데.

김형원   대한민국 사람들이 다 그렇잖아요. 저도 고등학교 때까지는 꿈이 대통령이었으니까. 촌스러운 꿈을 그대로 가지고 있었죠. 왜냐면 대한민국에서 자기 맘대로 할 수 있는 사람은 그 사람밖에 없다는 생각이 들었으니까. (웃음) 저도 박정희 대통령, 전두환 대통령 초기 시대였으니까 그거밖에 안 보였던 거예요. 그런 시대였죠. 대통령만 하고 싶은 대로 하고 나머지 사람들은 그 밑에서 하라는 대로 할 수밖에 없는 시대.

제가 어렸을 때 보니까 대한민국에서 할 만한 일은 대통령밖에 없다는 생각이 들었는데 이상하게 대학은 경영학과를 갔어요. 가서 돈 벌려고 했을까요. 경영학과를 갈 때 친구들이 한국에서 그렇게 해서 돈 벌 수 없다고 얘기하는 거예요. 정치권이랑 연결되지 않으면 돈을 벌 수 없다는 거죠. 우리나라 재벌의 역사를 보면 동의가 되는 부분이잖아요? 그래서 결국 여기까지 흘러왔는데 저는 정치에 대해서 글을 쓰지만 훈수를 두는 거죠. 판에 있는 사람들

보다 훈수 두는 사람들이 더 잘 보잖아요? 하지만 제가 있는 곳에서 정치는 하죠. 세상에서 얘기하는 정치는 아니에요.

책에도 썼지만 정치라는 게 사람들이 모여 있으면 결국 필요하잖아요? 의견이 다르기 때문에 조정하고 타협하는 과정이 다 정치죠. 목사들끼리 모여 있어도 정치가 필요한 거고, 교회에서도 성도들이 의견 조율해야 될 것들이 있잖아요? 매끄럽게 잘 이끌어 가는 것도 정치라고 볼 수 있죠. 그런 면에서 정치는 필요하다는 생각이 있죠.

구교형   제가 말씀을 덧붙이자면, 근데 이렇게 들어가도 돼죠?

고상환   그렇죠, 막 들어가는 겁니다. 예.

구교형   저는 원론적인 것을 떠나서 한국 사회에서 목사는 정치를 안 하는 게 좋다는 생각을 합니다. 왜냐하면 저를 포함해서 목사들이 정치를 할 만큼 수준이 높다고 보지 않거든요. 정치는 고도의 전문 영역이라고 생각해요. 우리 삶의 모든 부분이 정치와 연결될 수 있기 때문이죠. 질 낮은 정치만 봐서 코미디언 하다가 정치하면 된다는 우스갯소리도 있지만요.

사회와 세상에 대한 이해가 없는 목사들이 마치 교회적 관심사를 세상에다 펼쳐 놓으면 기독교적 정치라고 생각하는 낮은 수준으로 정치판에 끼어들면 안 그래도 복잡한 정치가 더 복잡해질 수밖에 없죠. 그래서 배덕만 교수님이 말씀하신 일상정치 말고 직업정치를 하겠다면 일단은 말리고 봐야 된다고 생각을 합니다.

고상환   반론 없으십니까?

배덕만   같은 맥락인데 제가 작년에 귀한 분을 개인적으로 뵀어요. 신효범 의원이라고 워싱턴 주 상원의원을 지내신 분이에요. 워싱턴 주립대 교수를 30년 하시고 5선 정도를 하신 분이에요. 그분이 제가 근무하는 학교에 와서 학생들한테 강연을 하는데 저도 불려 가서 들었어요.

그분이 70이 넘으신 원로이신데 꿈이 있다는 거죠. 꿈이 뭐냐면 30년 내에 미국에서 최초의 코리안-아메리칸 정치가가 백악관 주인이 되는 것이에요. 그래서 30년 후에 한국 이민 사회에서 미국 대통령을 내겠다는 꿈을 갖고 LA와 캘리포니아 지역에 있는 소장 정치인들, 20·30대 변호사, 정치학도들을 훈련시키고 역량을 모아서 시 혹은 지역 의원부터 진출을 시켜 바닥 정치부터 공부하게 한다, 그리고 10년, 20년 후에 다른 곳으로 진출을 시키고 30년 후에는 백악관에도 도전을 하겠다는 계획을 갖고 30대 초반의 사람들을 모아다가 정치 신인들을 발굴하고 훈련시키고 있다는 거죠. 재량 있는 친구들을 수면 밑에 서부터 현실 정치와 지성적인 측면들을 겸비시켜서 정치가를 양성합니다.

그런데 우리나라 정치에서 문제점 중 하나는 낙하산으로 영입을 하고 갑자기 공천받아서 뛰어들어 가고 목회하다가 교회가 커지면 정치판에 뛰어들죠. 이러다 보니까 정치를 해본 적이 없는 사람들이 뛰어들어 질서도 무너지고 원칙도 사라지는 거죠. 그동안 그런 훈련된 집단이 아니라 이념에 사로잡힌 사람들이 파토스만 갖고 뛰어드는 경우들이 많았기 때문에 한국 정치가 목회자들에 의해서 혼탁해지는 영향들이 많았잖아요.

김형원　　　그 사람들 원래 정치 목사들이었잖아요? 교단에서 정치한 정치꾼 목사들이니까 경험 있는 거 아니에요?

배덕만　　　사이비 정치죠. (웃음)

고상환　　　훌륭합니다.

김형원　　　교단에서 정치하면서 헤집고 다닌 경험을 가지고 직업 정치와 연관시키면 훈련을 잘 받았다고 할 수 있지 않을까요?

배덕만　　　술을 배워도 어른 앞에서 제대로 배워야 되는데. (웃음) 룰을 제대로 배워서 가야 되는데 이상한 걸 배워 가지고 현실을 끌고 가는 거죠. 그런 의미에서 만약 그런 프로세스를 제대로 밟고 역량을 겸비한 목회자라면 마다할 이유는 없는 것 같아요. 왜냐면 미국 건국 시조들 가운데 목사로 운동하신 분들이 많으시고 다른 나라에도 다 있거든요. 근데 우리는 그런 것 없이 아까처럼 뒷 무대 정치에서 사파 정치를 갖고 중앙 무대에 들어가는 것은 위험하다는 생각이 듭니다.

김형원   요즘 말로하면 꼼수죠.

고상환   그리스도인들은 통상적으로 정치에 대해서 더럽다, 가면 안 된다는 생각을 보통 하고 그렇게 가르쳐 왔거든요. 거기에 대해서는 어떻게 생각하시는지.

김형원   지금 신효범 의원 말씀 들으면서 생각드는 게 일본 정치판을 꽉 쥐고 있는 사람들이 마스시다 정경 출신들이잖아요? 마스시다 회사 회장이 우리가 일본의 인재를 내겠다 해서 '마스시다 정경숙(政經塾)'이라는 학교 같은 걸 만들었죠. 그 학교에서 2년 정도 훈련을 시키는데 월급을 주면서 훈련을 시키거든요. 지금 20~30년 가까이 지났는데 일본 정치·경제판에 이 사람들이 요직에 포진했다는 뉴스를 들었어요. 우리나라는 그런 기관이 없죠.
제가 《정치하는 그리스도인》 뒷부분에 어떻게 정치에 참여할 것인가 얘기를 썼는데 한국 교회가 사람을 키우는 일에 관심이 없는 것 같아요. 정치적 제자도, 전문적인 정치, 기독교적인 사고 방식과 세계관을 가지고 뭔가 하겠다는 사람을 키우지 않은 거죠. 각개전투로 가도록 내버려두니까. 지금 국회의원 40퍼센트 가까이가 기독교인이잖아요. 100명이 넘는 거예요. 엄청난 숫자죠? 그 사람들이 비슷한 생각을 가지고 뭉쳤다면, 성경적인 세계관으로 뭉쳤다면 한국 정치가 이렇게 개판되지 않았을 텐데 다 개인적인 걸로 들어가 버렸으니까요.

한국 교회가 장기적으로 본다면 훈련 기관이 필요하다고 생각 드는데, 또 걱정되는 게 돈 있는 사람들은 아까 얘기했던 정치 목사 되거든요. (웃음) 그 사람들이 그 작업을 먼저 할까 걱정이 되는 거예요. 생각이 좋은 사람들은 돈이 없어요. 근데 그렇지 않은 사람들은 돈이 많아요. 그러니까 바로 해버릴 수 있는 거예요. 이 딜레마를 또 어떻게 해결을 하죠?

고상환   저희가 희망정치시민연합을 몇 년간 해보니까 청년들도 거기에 대해서 관심이 높고 최근에 들어와서는 더 높아진 것 같아요. 그런데 청년들이 정치를 체계적으로 배우고 정치에 대해서 할 수 있는 게 없거든요. 김 목사님 말씀처럼 그런 기관이 있으면 도움이 되겠죠.

김형원　　　　이번에 민주통합당이나 통합진보당에서 청년대표 비례대표 뽑았잖아요? 새로운 시도이기는 한데 결국 청년들에게 현실 정치에 참여할 수 있는 기회를 주겠다는 것인데 비판은 있죠. 그 사람들도 제대로 훈련 받지 않고 바로 정치권으로 집어넣는 거니까. 그 사람들이 거기 가서 얼마나 하겠냐 비관론도 있고요. 여하튼 정치 문호가 젊은 층까지 내려가는 건 사실인데 한국 교회도 길게 내다본다면 정치 선교사라는 말 충분히 쓸 수 있을 것 같아요. 그러면 교회가 해외 선교사를 지원해 주는 것처럼 그런 친구들을 지원해 줄 수 있잖아요? 가능하죠, 충분히. 마인드 전환이 있으면 참 좋겠다는 생각이 드는데 교회가 돈이 없어서 그런가요? (웃음)

구교형　　　　우리 역사가 100년 사이에 급격한 변화를 겪었잖아요? 모든 면이 그렇지만 정치도 급격한 변화를 겪었죠. 일반적인 정치의식도 그렇지만 기독교적 정치의식도 차근차근 쌓아 올려서 발전된 개념이라기보다는 충격적 사건이 있으면 널뛰는 일들이 있잖아요?

예컨대 굉장히 오래된 고정관념 하나가 정교분리라는 생각이죠. 정치와 종교가 분리되어 있다는 의식 때문에 그리스도인들은 정치에 대해서 관심을 갖지 말아야 한다는 식으로 이야기하던 사람들이 갑자기 그리스도인들은 사회에 대해서 책임을 져야 됩니다, 하나님께서 청지기직을 주셨습니다 하면서 근 20년 사이에 정치적 관심을 표명하자는 부분들이 나타나죠. 그러니까 혼란이 생기는 겁니다. 개념 정리 없이 어저께까지는 안 된다고 했다가 갑자기 관심을 기울이자고 하니 결국 개인적인 야심이랄까요, 개인적 관심에 따라서 설명이 바뀌는 게 큰 문제라고 생각합니다.

정교는 분리돼 있다, 절대 정치에 관심을 가지면 안 된다고 얘기하셨던 분들도 정치를 안 했느냐? 했습니다. 교회 정치는 둘째치고라도 유신 시대, 군사독재 시대에 침묵의 정치뿐만 아니라 정부를 지원하는 발언이나 유형·무형으로 지원하면서도 정치 참여라고 하지 않았고 반대하는 것에 대해서는 정치 참여라고 비판했죠. 지금은 그런 얘기가 완전히 바뀌어서 그리스도인들은 정치에 참여해야 된다고 얘기하는데 그 말만 가지고는 하나님이 원하는 정치를 하는지 안 하는지 모호하다는 거죠. 이 관심이 어떤 방향으로 가야 되느냐 정리가 필요하다고 생각합니다.

고상환   청년들이 지금 많이 계신데, 이 책에도 정교분리 원칙이 나옵니다. 정교분리 원칙이 나온 배경, 교회사적 배경 등을 간단하게 김 목사님과 배 목사님이 설명해 주시면 좋겠네요.

배덕만   구교형 목사님께서 중요한 얘기를 하셨는데 정교분리 문제가 한국 교회의 정치 참여를 막는 아킬레스건이었습니다. 특별히 로마서 13장을 내세워서 청년들이 정치하는 것을 억압하고 탄압해 왔죠. 근데 교회사에서 정치와 종교가 분리되어야 된다는 말이 발언되기 시작한 것은 18세기 미국이 독립 과정에서 처음 나온 얘기입니다. 그전까지는 아시아도 그렇고 유럽도 그렇고 정치와 종교가 분리된 사회는 존재한 적이 없습니다.
국교라는 말을 들어 보셨겠지만 콘스탄틴 이후로 개인이 자기의 양심에 근거해서 종교를 선택해 본 적이 없습니다. 자기가 태어난 지역의 종교가 결정되어 있었고 자기의 선택과 상관없이 국가에 의해서 종교적 정체성이 부여가 됐었어요. 이것이 최초로 깨진 것이 영국으로부터 미국이 독립하는 과정입니다. 독립 과정에서 미국 교회가 둘로 나뉩니다. 미국은 영국의 식민지였고 영국은 성공회라는 국가 교회가 있었습니다. 그런 인식은 미국에서도 있었고요. 그래서 영국 성공회는 미국의 독립을 반대했어요. 미국은 각 주마다 주 종교가 있었습니다. 보스턴을 중심으로 메사추세츠는 회중교회가 국교였고 버지니아 등 남부 교회들은 성공회가 주 종교였습니다. 그런데 당시에 주 종교 밑에 소수 교회들이 있었어요. 퀘이커, 침례교, 감리교 등이 주 종교에 의해서 억압을 당하고 있었거든요. 왜냐면 주 종교는 종교세를 내야 하고 그 종교세로 국가가 교회를 후원합니다. 근데 국교 시스템에서 억압받던 마이너리티 종교들이 미국의 독립을 지지하면서 독립전쟁에 가담하게 되죠.

그 와중에 버지니아에서부터 정교분리라는 말을 제퍼슨과 몇몇 사람이 쓰기 시작하는데 그 이유가 뭐냐 하면 정치와 종교를 분리한다는 개념은 개인이 자신의 양심에 근거해서 종교를 선택하는 것이고 국가가 강압적으로 종교를 부여하지 않는다, 특정한 종교에 자금, 세금, 정치적 혜택을 줘서 종교의 공정한 경쟁을 가로막는 짓을 못 한다고 한 거예요. 다시 말하면 정교분리는 기독교인이 정치에 참여하면 안 된다는 개념이 아니라 국가가 특정 종교를 공권력으로 후원하거나 간섭해서 종교 시장의 공정한 룰을 깨뜨리면 안 된다는 개념이었어요.

근데 이것이 국경을 넘어서 왜곡되기 시작해요. 두 가지 사례가 있어요. 히틀러가 독일 교회의 저항을 막기 위해 정치와 종교를 분리시키고 정치가들은 정치를, 종교인들은 종교 문제를 다루고 경계를 넘지 말라 얘기를 했고요. 우리나라에서도 이토 히로부미가 통감부 정치를 할 때 선교사들을 모아 놓고 일본 통감부는 조선인들의 정치적 삶을 규제하고 선교사들은 조선 백성들의 정신을 교화하는 것으로 영역을 구분해서 서로 존중하자 이렇게 정교분리 얘기를 했어요. 그리고 이 얘기를 박정희와 전두환이 동일한 논리로 했던 거죠.

다시 말하면 역사 속에 나왔던 최초의 정교분리 개념은 기독교인의 정치 참여를 막은 것이 아니라 국가가 정치와 종교 문제에 개입하는 것을 막는 것이었고 그렇기 때문에 미국에서는 단 한 번도 목사나 교회가 정치로부터 분리

된 적이 없는 거죠. 대통령이 취임하면서 성경에 손을 얹고 맹세하고 국회가 시작할 때 기도하고 시작하는 것은 정치가 섞인 것이잖아요? 한국에서 정치와 종교 분리를 이야기할 때는 독재자들이 정권을 유지하고 교회의 정치적 반항을 막기 위해 이데올로기로 이용했다는 거죠. 이 얘기를 한국 교회가 못 해왔던 것이 중요한 문제라고 생각합니다.

김형원   그래서 아까 구 목사님 말씀 두 개가 연결이 되는 거예요. 보수 교회가 독재 시대까지 정교분리를 내세워서 국가나 정권을 비판하거나 발언을 하면 정교분리 위배다, 정치 목사다 이런 식으로 몰아붙였잖아요? 그런데 시대가 바뀌니까 그 사람들이 오히려 시청 앞에 나가고 태극기, 성조기 흔들면서 정치 참여를 하잖아요? 제 기억으로는 1997년이었던 것 같아요. 여당과 야당이 처음 바뀌었던 그때 김대중 대통령이 됐잖아요. 그즈음부터 보수 교회가 대형 교회 중심으로 거리에 나오기 시작했어요. 그전까지는 수십 년 동안 여당이었던 세력과 주류 기독교가 짝짜꿍이 맞은 거죠. 그러니까 반대 세력이 나오지 못하도록 정교분리라는 논리를, 제 책에서는 절대적 분리라는 오류로 설명하고 있는데, 그렇게 내세운 거예요.

미국에서 공부하고 있을 때였는데 인터넷에 한기총 대표 회장 인터뷰가 나왔어요. 그때 한기총 중심으로 시청 앞에서 데모하고 그랬어요. 그런데 기자가 물어본 거예요. 보수 교회가 정교분리 원칙을 내세우고 로마서 13장을 내세우면서 권력에 절대 복종해라 가르친 걸로 알고 있는데 왜 지금은 태도가 변했습니까, 시청 앞에 나가서 정부 비판하고 대통령 비판하고 왜 이렇게 합니까라고 질문을 던진 거예요.

제가 그 목사님께 기대한 답변은 우리가 성경을 잘못 알았습니다라든가 신학을 다시 공부해 보니까 그게 아니네요 등 목사라면 행동에 변화가 있을 때 그런 데서 근거가 나와야 이해가 되잖아요. 그분의 대답이 뭐냐면 간단해요. 상황이 바뀌었습니다. (웃음) 제가 그걸 보고 얼마나 열을 받았는지 몰라요. 상황이 뭐가 바뀌었어요? 여당과 야당이 바뀌었다는 얘기예요. 자기네 편이었던 여당이 밀려났고 자기가 별로 싫어했던 그 사람이 대통령이 됐다는 거예요. 그러니까 이제 나가서 반대하자는 거예요. 이게 한국 교회 수준이에요. 그래서 그 이후부터 10년 동안 계속 나갔잖아요. 그죠? 그러다가 몇 년 전부터 안 나갔 잖아요. 또 입맛에 맞는 사람이 대통령 됐거든요. 아마 정 권교체가 되면 또 나가겠죠.

구교형   제가 한 가지 자료를 읽어 드릴게요. '전국 교회 150만 신도께 드리는 말씀. 오는 3월 15일에 실 시되는 정부통령 선거에 있어 전국 교회 교우들은 다음의 두 분을 꼭 뽑아 주시기를 호소하나이다. 대통령에 리승 만 박사, 부통령에 리기붕 선생.' 그리고 죽 광고가 진행되 고 '대통령 입후보자는 한 분뿐이시니 말할 필요가 없으 나 리 박사는 우리나라 기독교회의 대 원로이시며 오늘도 바쁘신 몸으로 어느 주일 한 주일도 빠짐없이 가족 동반 교회 주일 예배에 참석하셔서 하나님 앞에 간절히 기도하 시는 우리나라 신교의 대선배님이십니다. 부통령은 네 분 이 나오셨습니다만 교회의 어른이 지지할 수 있는 분은 리기붕 선생 한 분뿐이라는 것은 분명한 사실입니다.' 제가 신대원 졸업할 무렵에 도서관에서 찾아낸 〈기독공 보〉라는 신문이거든요. 한국 예수교 장로회의 가장 큰 줄 기인 예장 합동과 통합이 나뉘기 전의 공식 기관지입니 다. 근데 이 선거가 어떤 선거입니까? 바로 3·15 부정선거가 있었던, 4·19혁명의 모티브가 되었던 선거입니다. 이건 제가 예를 들었지만 56년 선거 때도 그랬고요, 52년 전쟁 통에서도 그랬습니다. 이렇게 한국 사회의 유혈 사태, 피의 아픔들 속에 한국 교회가 깊이 관여돼 있다는 사실을 그리스도인들이 잘 몰라요, 역사를. 그런 면에서 볼 때 이런 부분들을 설명하지 않고서 수십 년이 지난 후에 갑자기 세상을 책임지겠다고 나오는 분들이 존재한다는 것 자체가 역사 왜곡인 거죠.

김형원   독재 시대 때 정치에 대해서 발언하고 비판하고 데모도 했던 분들은 진보 교회의 목사들과 성도들이었죠. 그런 데서 정의와 평화를 내세웠고 약자에 대한 돌봄을 내세웠는데 그 이후로 한국의 보수 교회가 정치 참여에 나아가면서 내세웠던 논리는 그게 아니었어요. 교회 이권 챙기기였습니다. 주장하는 내용이 다른 거예요. 이거는 기독교인뿐만 아니라 세상 사람들이 더 잘 알잖아요. 이제 한국 교회 목사들이 이렇게 나간다 하면 또 뭔가 챙기려고 나간다는 생각을 해버리는 거죠.
그전에 뭔가 발언하려 했던 진보적인 목사들이나 교인들이 나갈 때는 희생을 한다는 인식이 많이 있었어요. 근데 지금은 희생이라는 단어가 잘 연결이 안 되죠? 보수적인 교회가 나서는 것은 희생이라는 생각이 안 들고 또 챙기러 나가는구나 하는 연상이 든다는 거예요. 이걸 어떻게 해서든 깨야 되거든요. 궁극적으로 보면 한국 교회의 몰락과 연결되잖아요. 그런 식으로 세상 사람들 인식이 박혀 있으면 그 사람들이 교회에 오고 싶겠어요? 복음을 전하면 받아들일 마음이 있겠냐는 거예요. 이기적인 사람들이 모여 있는 집단이라는 생각이 든다면 안 되거든요. 한국에서 기독교가 부흥해 가면서 굉장히 많은 희생이 있었고 민족을 위해서 했던 일이 있었잖아요. 그래서 이렇게 부흥한 거였는데 완전히 거꾸로 돼버린 거죠.

그래서 배 교수님 말씀대로 정교분리라는 거는 절대 완전히 갈라지는 것은 없습니다. 그건 그동안 정치적으로 이용했던 논리였고 정치는 분명 관심 가져야 될 영역인 거죠. 모든 세상이 다 하나님의 세상이니까. 우리가 하나님 나라를 위해서 산다면 정치 영역만 빼놓을 수는 없잖아요.

배덕만   한 가지 배경적인 이야기를 드리면 한국 교회가 정교분리를 요구하면서도 우파 쪽에서는 보수적 정치 노선에 계속 서 있었거든요. 정치참여가 안 된다고 얘기하면서 진보적인 생각을 교회가 내지 못하도록 눌러 왔던 이유가 뭘까. 미국에서도 부흥 운동이 사회개혁 운동으로 많이 갔고, 유럽은 기독교사회민주당이 있을 정도로 기독교와 사회주의가 좋은 관계 속에서 가는데 남한에서는 왜 소수의 진보적 기독교인들 빼놓고 주류 기독교는 늘 정치적 문제에 침묵하거나 친정부적인 입장들을 취해 왔을까. 다시 말하면 제사장적 기능은 감당하면서 예언자적인 목소리는 내지 못했을까 하는 것은 한국 현대사 속에서 그럴 수밖에 없었다는 거죠.

1945년 해방 이전까지 한국 기독교 인구의 70퍼센트는 황해도와 평안도 지역에 있었습니다. 남한 지역은 굉장히 적었습니다. 근데 해방 이후 6·25를 겪으면서 북장로교 소속의 평양신학교 중심으로 서북지역 기독교인들이 대거 월남을 하게 되죠. 이 사람들이 월남을 한 두 가지 이유가 있습니다. 하나는 유신론적인 기독교와 북한 공산당이 맞지 않는 면이 있었겠고 또 하나는 북한에서 토지개혁을 하면서 무상몰수 무상분배를 했는데 그때 토지를 빼앗긴 사람들 가운데 절대 다수가 서북 기독교인들이었습니다. 김일성이 기독교인들을 탄압했다고 하지만 유대현 교수의 연구에 의하면 김일성은 기독교에 적대적이지 않았습니다. 김일성이 관심을 가졌던 것은 친일 세력과 유산계급 세력이었는데 그 사람들을 나중에 분석해 보니까 70퍼센트 이상이 기독교인이었던 거죠. 기독교인들은 김일성이 이념 차원에서 기독교인들을 탄압했다고 하지만 우선순위에서는 그렇지 않았어요. 김일성 자체가 기독교 신자였던 거는 아시잖아요.

아무튼 그 과정에서 서북에 있던 기독교인들은 탄압을 받았고 고향과 재산을 빼앗겼어요. 그리고 6·25 동안에 남한으로 내려왔어요. 그리고 분단이 됐습니다. 남한에서는 냉전 시대에 접어들면서 이북에서 내려왔다는 것 자체가 의혹의 대상이 되는 거예요. 이 사람들은 김일성과도 북한 정권과도 관계가 나쁘지만 남한에서 '38따라지'로 생존하기 위해서 반공을 내세울 수밖에 없었던 거죠.

독재 정권이 들어서면서 국가가 반공을 국시로 했을 때 한경직 목사를 중심으로 장로 교회가 이념적으로도 그렇고 역사적 경험과 상처도 그렇고 반공에 앞장설 수밖에 없었어요. 여순사건이나 4·3 때에 앞장서서 빨갱이들을 때려잡는 일을 군인들 그리고 북에서 내려온 우익청년 단체인 서북청년단이 했는데 대부분이 기독교 신자들이었습니다. 개네들이 4·3때 누가 많이 때려잡는지 셌는데요, 지금 제일 복음화가 안 되는 곳이 제주도인데 교회를 안 나가는 중요한 이유가 뭍에서 온 놈들이 우리 아버지와 어머니를 죽였는데 개네들이 기독교인이라는 거예요. 4·3 기념관에 가면요 거기 4·3 주도자가 처형당한 사진이 있는데 십자가에 못 박아 죽였습니다. 제주도 사람들은 기독교에 대한 불타는 적개심을 갖게 된 거죠.

이런 역사 속에서 한국의 기독교는 북한에서 내려왔다는 것과 빼앗기고 당했다는 원한, 정부의 반공정책과 맞물려 정부에게 반론을 제기할 수 없는 처지가 된 거죠. 당시 제일 무서운 것이 빨갱이로 몰려 죽는 건데 그것에 가장 약점이 있는 사람들이 기독교인들이었던 거죠. 한국 교회는 생존을 위해서 일제 때 신사 참배에 순응했던 것처럼 남한에서 살아남기 위해서 정부와 대립각을 세울 수 없었고 그러다 보니 교회에서 일어나는 저항을 누를 수밖에 없었던 거죠.

결국 지금까지 한국 기독교가 남한에서 친정부적, 우파적 목소리의 요새가 되었던 역사적 배경이라고 생각을 합니다.

고상환　　　　　배 교수님께서 교회사 전공이시니까 거품을 물어 가면서 얘기하는 겁니다. (웃음) 만약에 그렇지 않았으면 그렇게 얘기 안 하셨을 텐데 전공과목이 나오면 교수님들은 얘기를 거품 물고 하게 되죠. 근데 총선이 얼마 안 남았습니다. 총선이 오면 또 몇 년 전부터 우리가 얘기 안 할 수가 없는 게 기독당입니다. 이번에 보니까 비례대표 순위가 한 20~30당 되는데 그중에 기독당이 두 개나 있더라고요. 기독당, 기독민주당. 기독당은 뭐고 기독민주당은 뭔지 모르겠지만 이 기독당 문제에 대해서 구 목사님은 거품을 무시기 때문에 좀 있다가 얘기해 주시고요. 과연 기독교인들이 당을 만들어서 무엇을 할까요. 이 책에 보면 기독교적 정당은 필요하다라고 결론을 내셨는데 말씀을 해주시죠.

김형원　　　　　책을 보시면 됩니다. (웃음) 결론적으로 저는 한국적인 상황에서 기독당이라는게 원천적으로 원리상으로 불가능하다고 보지는 않아요. 다만 한국적 상황에서 봤을 때 지금 기독당이 의미가 있는가, 필요한가라는 면에서 부정적이라는 거죠. 이런 거 말고 우리가 먼저 해야 될 것은 기독교적 가치관을 바탕으로 한 정치 세력,

아까 얘기했던 거랑 비슷하죠?

그렇게 정치에 대해서 훈련을 받은 사람들이 만든 정치 세력이 필요한 거지 아무런 준비도 없이 기독교를 덜컥 내세워 가지고 목사 장로 내세워 가지고 한국 교회를 대표하는 듯이 교회를 팔아먹는 종류의 기독당은 아니라는 거죠. 이거는 오히려 민폐의 민폐뿐만 아니라 교회에 엄청난 손해를 끼치는 것이고 하나님 나라에도 별로 안 좋다고 보여요. 그래서 기독교 정당은 아니다, 그러나 기독교적 정당을 위한 시도는 지금부터라도 해야 된다라고 결론을 내린 겁니다.

구교형   근데 이론적으로 사람들이 아는 것과 실제 투표 행위에서 역사적으로 걸어온 과정을 보면요 야도 여도 나는 싫으니 기독교인이라도 찍어야겠다. 특별히 이것은 대통령 선거에서 위력을 계속 발휘했습니다. 이승만 대통령, 92년의 김영삼 대통령 때도 그런 부분이고 지난번의 이명박 대통령도 있죠. 근데 기독교인들 맨날 뽑아 봐도 별로 잘하는 것 같지는 않더라 하니까 그 부분은 거품이 많이 빠진 것 같아요. 특별히 국회의원 선거를 보면 기독교인이니까 찍어 줍

시다는 말은 별로 위력을 발휘하지 못합니다. 그런데 요즘 기독당은 그겁니다. 교인들에게 특혜를 주고 교회에 특혜를 주면 선교에 도움 된다, 그런 면에서 이번에 기독당이라고 하는 곳에서…….

고상환   (웃으며) 자료.

구교형   예, 읽어 드려야 되거든요. 기독자유민주당은 한국 교회의 모든 은행 이자를 2퍼센트로 내릴 수 있다. 이게 정책입니까 이게? (웃음) 이게 말이나 되는 정책입니까? 그 밑에 뭐라고 썼냐면요 교회는 사회학적으로 분류해도 사업장이 될 수 없고 교육 시설로 분류해야 한다. 그러므로 한국 교회 모든 은행 이자는 2퍼센트로 내려야 한다. 교회에 특혜를 주겠다는 거예요, 자기네가. 사실은 작은 교회 목회자들은요 상당히 마음이 혹해요. 안 그래도 힘든데 기독당 찍으면 다른 거는 몰라도 이거만큼은 실현될 거 아니냐는 생각을 하게 되는 거죠. 기독당이 두 개로 나오는데 합당했습니다. 기독사랑실천당하고 자유민주당하고 합당해서 나옵니다. 지금 다 통합분위기죠? 기독당도 하나라고 자랑을 하고 있습니다. (웃음)

저는요 개인적으로 생각할 때는 우리가 야당 심판이냐
MB 심판이냐 얘기도 있지만 조금 더 선명하게 가자면 기
독당을 찍지 말자. 한 석이라도 비례대표가 생기면 정말
한기총 같은 영향력의 100배 되는 영향력이 생긴다는 것
을 생각하십시오. 지금까지 한기총 해체 운동 했던 거 다
물거품 됩니다. 여러분들은 안 찍으시겠지만 여러분 주변
에 얘기해 주세요. 이번 선거 핵심은 기독당을 찍지 말자.

김형원   구 목사님 지금 정치하고 계시는 거예
요, 지금. (웃음)

고상환   거품 물지 않습니까? 거품, 드디어. 반
기독당 대변인 되겠습니다.

배덕만   나는 기독당이 싫어요. (웃음)

고상환   한기총의 주 역할은 북한의 침투를 막
는 데 있답니다. 한기총이 북한을 막고 있으니까 너무 폄
하하지 마시구요. (웃음) 그러면 기독당 문제, 이거 그냥
넘어가 버리니까 재미가 없어요. 예전에는 굉장히 화제가

되고 그랬는데 요즘엔 의식 수준이 높아져서 학생들이 기독당 별로 재미 없어 하는 거 같아. 청년당이나 이런 것도 나오고 별별 당이 많이 나오게 되죠. 그러면 이 시점에서 참석자 얘기를 듣는 게 좋을 것 같습니다. 시간이 많지 않으니까 열 분 정도만 듣고요. 질문이나 하시고 싶은 얘기를 한 3분 정도 해주시면 좋겠는데 궁금한 점이나 얘기하고 싶으신 점 있으시면 손을 들어 주시죠.

오태영   반갑습니다. 저는 오태영이라고 하는데요. 야매나 꼼수가 판친다고 했는데 제도 정치에서 그럴 수밖에 없는 한계가 뭔지, 그런 한계를 돌파하려면 어떡해야 하는지 청년들한테 말씀해 주셨으면 좋겠습니다.

고상환   감사합니다. 야매나 꼼수를 이길 수 있는 방법, 각개격파 방법에 대해서 해법이 있으신가요?

김형원   어제도 이문식 목사님 만나서 얘기를 나누었는데요. 이문식 목사님이 워낙 정치에 관심이 많으시죠. 산본에 사시는데 거기가 현재 김부겸 의원 지역구죠. 목사님이 이분에게 정치 컨설팅을 해주신 거예요. 산 본을 떠나라, 산본에 있으면 국회의원은 되겠지만 큰 꿈 을 이루지 못한다. 그래서 대구로 가라. 대구에서 지금 출 마를 했습니다. 박근혜 아성이 완전히 판을 치는 거기에 민주통합당 이름을 내걸고 대구로 갔습니다. 지금 여론조 사 어떻게 나올까요? 당연히 뒤지죠. 당선될까요?

고상환   안 될 겁니다.

김형원   다 안 된다고 보죠. 안 된다고 보는데 목사님 말씀이 뭐냐면 안 되면 다음에 또 나가라. 다음에 도 안 되면 또 나가라. 뼈를 묻을 각오로 나가라. 이렇게 조언했다고 그래요. 김부겸 의원이 그러겠다고 했다고 해 요. 그래서 지난 주에도 심방을 가셨다네요, 대구에. (웃 음) 심방을 가셔서 그렇게 얘기를 나누고 오셨다는데요. 바꿔 얘기한다면 대구에서 몇몇 분들이 시도를 했었죠. 그러나 아무래도 지역색이 있으니까 유시민 같은 경우에 대구에 한 번 시도했다가 다른 데로 갔었죠. 노무현 대통 령 경우에 부산에서 여러 번에 싸워서 결국 안 됐잖아요. 성공을 못했단 말이에요. 못했는데 대통령은 성공을 한 거죠. 그러니까 비슷한 것을 조언해 주셨다고 보는 거죠. 대구에서 분명히 안 될 거지만 어느 정도 지지율을 올려놓으면 사람들이 알 거다, 인식하게 될 거다, 그것이 당신에게는 재산이다, 되느냐 안 되느냐보다 그것이 더 재산이다.

저는 이런 것이 굉장히 중요한 원리라고 봐요. 제가 책에서도 그런 얘기를 쓴 건데 기독교적 세계관으로 정치 활동을 할 때 목표 중에 하나는 당선되고 권력을 쥐고 이런 겁니다. 떨어지는 게 목적은 아니잖아요. 그런 건데 그게 최고 목적은 아니라는 거죠. 그런 과정에서 어떤 룰이 있고 더 큰 목표가 있거든요. 그것을 향해서 계속 돌진하고 전진하고 나가다 보면 예상하지 못했던 어떤 일이 이루어진다는 거죠. 그러면 혼자서는 안 될 거라고 보는 거예요. 혼자 어떻게 버팁니까? 맷집이 한계가 있지. 그래서 정치 집단이 필요하다고 보는 거고 정말 생사를 같이할 사람들이 도전해 본다면 꼼수가 판치는 우리나라 정치판에 신선한 바람을 불러 일으킬 거라고 생각합니다. 하나님 나라 관점에서도 보답이 있겠지만 실제 정치 현장에서도 사람들이 보는 눈이 있을 거라고 봐요. 고난은 좀 당하겠지만 그 가운데서 어떤 흔적들이 분명히 있지 않을까 생각합니다.

그래서 청년들에게 정치에 대해 강의할 때마다 정치에 관심 있는 사람들은 모여라. 모여서 공부하면서 같이 꿈을 키우고 그렇게 1년, 2년 지나다 보면 동지 의식이 생기고 같이 시도하는 것들이 생기지 않겠냐? 그럼 일단 몇 가지 책을 정해서 공부하는 것으로 시작해라. 저는 그런 그룹을 만들라고 권합니다. 거기서부터 시작이 되는 거예요. 혼자하면 안 돼요. 할 수가 없어요. 같이해야 되고 그렇게 하면 꼼수가 판치는 한국 정치 현실을 허물어뜨리는 것이 가능하지 않겠나 생각이 드네요.

구교형　　　　　저는 꼼수를 어떻게 허물 수 있느냐 얘기하기 전에 뭐가 꼼수인지 알아야 꼼수를 돌파할 수 있다고 생각합니다. 아까도 말씀드렸듯이 정치 교육과 정치 훈련이 기독교인들뿐만 아니라 국민적으로 잘 안 되어 왔거든요. 뭐가 꼼수인지를 몰라요. 일단 알다시피 왜 정책 선거라는 얘기를 자꾸 하게 되냐 하면요.
예컨대 국민들이 올바른 정책에 관심을 갖고 사회를 변화시키는 부분에 관심을 기울이지 않으면 당연히 평소에 목욕탕 열심히 돌아다니면서 악수 많이 하고 지역 토호세력과 연결된 사람들이 국가와 지역 사회에 정말 필요한 것이 무엇인지 관심 기울인 후보보다 더 잘 보일 수밖에 없습니다. 우리는 흔히 지역에서 얼마나 열심히 터 잡고 열심히 뛰냐는 얘기를 하는데 그것이 지금까지는 대부분 지역 개발이죠. 똑같은 돈을 어디에 투자해야 지역 주민이나 국민에게 더 유용한지 일대 일로 물어보면 당연히 어디에 더 필요하다고 생각함에도 눈에 보이는 거는 당연히 육교 같은 거죠.

제가 지금 사는 광명 쪽에 석수역이 있는데요. 3년 전인가 재미있는 일이 있었는데 지하철 역 밑에 횡단보도가 있어요. 근데 그 횡단보도 위에 바로 역사에서 나오자마자 건너갈 수 있는 육교를 또 하나 만들었어요. 근데 육교를 멋있게 만들었습니다. 정말 멋있게 만들었어요. 지상으로 내려가지 않고 바로 길을 건너갈 수 있도록 그리고 중간에 내려와서 중앙차선으로 갈 수 있도록 만들었습니다. 그러면 그 밑에 횡단보도는 없어졌느냐? 횡단보도도 그대로 있고 육교도 그대로 있습니다. 그리고 엘리베이터도 설치했습니다. 이런 시설이 필요없겠어요? 굳이 말한다면 편리하죠. 근데 그 시설물을 관할하는 금천구청은 자립도가 매우 낮습니다. 그런데 그거 하나 설치를 하니까 구청장이 일했네 하는 생각을 먼저 갖는 거예요. 사람들은 그거에 관심을 가져요. 그 돈이 영세민이나 서민들의 복지에 사용되었다면 더 좋았을 수 있지만 중복 투자는 눈에 확 들어오는 거죠.

단순히 꼼수를 차단하자가 중요한 게 아니라 국민들이 백이면 백, 특히 지방선거 같은 경우는 지역 토호세력이 당선되게 돼 있습니다. 학원 운영하는 사람들 아니면 건설업자들 아니면 관변단체에 오랫동안 있던 사람들이 당선되게 돼 있습니다. 백날 대통령 잘 뽑아 봐야 여러분이 살고 있는 지역에서는 그 사람들이 돈을 사용한다는 거죠.

고상환　　　　어젯밤에 누군가 박원순 시장 얘기를 하는데 박원순 시장이 되니까 공무원들의 자세가 180도로 바뀌었다고 합니다. 예전에는 복지 시설, 아동 복지 미팅하면 공무원들이 고자세로 나오다가 지금은 공무원들의 자세가 바뀌는 걸 보면 역시 시장 하나 잘 바꾸면 그 정치가 변한다가 맞는 것 같습니다. 또 질문 받겠습니다.

문주안　　　　안녕하세요. 저는 문주안이라고 합니다. 저는 청년으로서 우리나라 정치가 어떤 게 문제이고 어떻게 해야겠구나 그림은 조금 잡히는 것 같은데 현재

한국 정치인들 중에서 어떤 사람이 그나마 이상적으로 생각하는 정치에 제일 가깝다는 걸 말씀해 주시면 구체적인 롤 모델을 가지고 비교해 볼 수 있을 것 같아요.

고상환   우리 형제님도 질문 있으신것 같은데요.

오다솜   SFC 오다솜 운동원입니다. 아까 말씀하셨듯 한국 교회사 쪽으로 여러 사건이 있었고 한국 교회에 극우적인 풍토가 많이 남아 있는 것을 저도 경험하고 그런 분들과 대화를 하면 의견 충돌이 많은 것을 느낍니다. 이러한 풍토 가운데 청년들은 하나 된 교회를 위해서 어떠한 태도를 취해야 하는지 궁금합니다.

고상환   질문이 쇄도하고 있네요.

〈오늘〉 편집장   저는 문화매거진 〈오늘〉 편집장입니다. 저는 잡지를 만들기도 하지만 교회에서 중고등부 아이들을 가르치기도 하는데요. 중고등부 아이들을 가르치면서 놀란 점이 중학교 1학년 친구가 억울했던 상황이나 불합리하다고 생각되는 것을 분반 공부를 통해서 하는 걸 들었습니다. 정치 얘기를 하더라고요, 초등학교 6학년 아이가. 이명박 대통령이 어쨌다는 등 대통령이 가로수길에 무슨 동상을 세웠다는 등 하면서요. 잘못된 정보를 통해서 지금 젊은이들이 어떻게 우리가 권세 앞에서 행해야 되는지 혼동하는 모습을 볼 때가 많은 것 같아요. 극우 세력이 기득권 세력인 것처럼 이야기하거나 그것이 잘못됐다는 건 아니지만 우리가 잘못된 정보로 기존의 모든 정치가 다 잘못되었고 소망교회 다니시는 장로가 대통령이 되셨다는 그 자체만으로도 어디 가서 기독교인이라고 어깨를 펴고 이야기하지 못하는, 이명박 대통령을 욕해야 하는 상황에 있다는 것이죠.

우리 젊은이들이 정치 참여에 혹은 정치인들에 대해 어떻게 자세를 가져야 하는지 말씀해 주시면 좋겠습니다. 제가 이 책을 잠깐 봤는데 김형원 목사님께서 그 부분을 좀 다루셨던 것 같습니다. 원론적인 이야기가 있으신 것 같은데 저는 다음 정권에 야권의 어떤 대통령이 된다고 해도 그 대통령이 신랄하게 비판을 당하고 노무현도 노무현 때문이고 이명박도 이명박 때문이고 문재인이 돼도 문재인 때문이라는 이 윗 권세가 전체적으로

다 무너져 버리는…….

김형원   정치적 발언이죠.

〈오늘〉 편집장   네, 죄송합니다. 박근혜 때문이다. 이렇게 (웃음) 얘기할 수도 있다 생각이 들어서 그부분은 좀 선을 명확하게 그으면 어떨까. 특히 여기 젊은이들이 계시니까 교회에서 교사이신 분들도 있으실 거고 근데 무조건 이명박은 나쁜 놈이야 이렇게 얘기하고, 나꼼수나 아고라를 통해 듣는 모든 정보가 다 사실인 것처럼 맹신하는 태도도 어떻게 보면 우리가 교정받고 변화받아야 되는 것이 아니겠는가. 이 지점을 좀 말씀해 주셨으면 좋겠습니다. 저는 문화매거진 〈오늘〉 편집장입니다. (웃음)

고상환   저희 아이들도 대통령을 되게 싫어하더라고요. 학교 가서 그런 얘기를 막 해요. 이명박 대통령이 빨리 없어졌으면 좋겠다는 둥 얘기하는데 지금 두 가지 중요한 게 나왔습니다. 정치인을 대하는 태도, 정치를 대하는 태도 그 속에서 우리 청년들이 어떤 정치 참여를 하는지 좀 묶어서 얘기하면 좋겠습니다. 그리고 마지막으로 롤 모델이 있는데 민감한 부분이라서 일단은 자연스럽게 풀어 나가겠습니다. 청년들이 어떤 생각을 가지고 어떻게 참여해야 될지 이렇게 해야 된다고 책만 쓰고 책만 팔면 다냐? (웃음) 이게 아니라 구체적으로 이 책에 뭐가 있다, 이거 파보면 뭐가 나온다는 얘기를 해주시죠.

구교형　　　　　　문화미디어 〈오늘〉 편집장님이 말씀하신 것에 100퍼센트 공감합니다. 오늘 얘기하고 싶은 내용 중에 하나도 그것입니다. 제가 정치에 대해서 관심이 많았었는데 왜 정치에 관심을 갖고 있는지 스스로 해석을 못하면서 그냥 정치에 편향되어 있는 부분들을 굉장히 위험스럽게 생각합니다.

방금 말씀하셨듯이 1997년 이후부터 한 10년 동안 사람들 주변에 계속 나왔던 얘기가 하여간 무슨 일만 생기면 다 IMF 때문이었습니다. 다 IMF 때문이야. 우리 아버지가 다리 다친 것도 IMF 때문이고, 내가 빚을 못 갚은 것도 IMF 때문이죠. 그러고 나서 노무현 때문이야 이렇게 되다가 요즘엔 이명박 때문이야 이렇게 되었습니다.

저는 우리가 가지고 있는 정치에 대한 관심이 안정되어 있다고 보지 않습니다. 근 10년만 보더라도 널뛰기 정치, 널뛰기 투표를 하고 있죠. 널뛰기 투표는 가치 투표가 아닙니다. 우리 국민들은 정확히 어떤 개혁 성향인지 보수 성향인지 자신에 대해 정확한 기준을 갖기 전에 현역 정치인이나 어떤 정당이 집권해서 사고 치면 반사이익 때문에 열린우리당이 확 가져갔다가 내내 노무현 욕만 하다가 바로 이명박한테 옮겨 가고 그러고 나서 이명박 대통령이 국민들 기대에 못 미치니까 이번에는 반대에 대한 분노로 타오르는 모습들을 봐요. 저도 우려하는 부분이 복불복이에요. 야당이 정치인에 대한 기대 수준을 반대급부로 올려놓으면요 국민들은 정치인 뽑기를 하나님 뽑는 줄 알아요.

원하는 건 정치인이 다 해줄 거라는 것은 착각입니다. 그래서 정치인에게 관심을 갖기 전에 정치인이 무엇인지 알자. 정치인은 절대 하나님이 아니다. 내가 원하는 것을 다 해주는 것도 아니다. 분명히 야당이 집권한다 하더라도 집권하고 나면 그 분노가 금세 타오를 겁니다. 저는 그런 면에서 좀더 책임 있는 정치라고 한다면 한미 FTA, 강정, 미군기지, 다 과거에 민주당 정부에서 시작했던 부분이었거든요. 그러면 적어도 선거를 앞두고 있어서는 그 정당에서 공식 해명 발언을 하든지 사과 발언을 해야 됩니다. 그걸 하지 않고서 이명박에게 다 뒤집어씌운다면 우리가 다 이명박을 싫어하지만 (웃음) 개인에 대한 얘기로 가면 말씀드렸듯이 권위 자체에 대한 상실밖에는 남지 않는다는 거죠. 저도 생각할 때 애들이 '구교형이 말이야 설교도 제대로 못하고 뭐 지가 목사라고……'.

고상환   그렇게 하고 있죠. (웃음)

구교형   우리 교인입니다. (웃음) 이러면 기분 나쁜 거예요. 권위가 상실되면 안 되거든요. 그런 부분들로 눈높이만 높여 놓고서 정말 정치인이 해야 될 역할이 뭔지 판단을 못하게 하는 것은 책임 정치가 아니라고 생각하는 거죠. 지나친 정치 혐오주의, 무용론도 문제이지만 지금은 개나 소나 정치를 합니다. 아까도 말씀드렸듯이 할 수 있는 자격이 있는지 없는지 모르고 그냥 떴다 싶으면 정치를 하겠다고 나서는 것도 과열이라고 생각합니다. 지금 여러 정당들이 나오고 있지만 다들 좋은 공약 내세웁니다. 여러 공약 여기저기서 베꼈다고 법에 걸리는 일

없잖아요. 그러나 바른 정치인, 바른 정책을 판단할 때는 우선순위가 분명히 있습니다. 100개 가져다가 써놓았다 할지라도 그 공약들의 우선순위를 보면 결국 저 사람은 뭘 택하겠구나를 알 수 있죠. 또 정치인이나 정당은 이력이라는 것이 존재하기 때문에 하루아침에 이게 뜬다, 이런 정책이 뜬다 해서 그것을 베껴쓰기는 하지만 당선된 이후에도 공약을 지킬 것인지 이력을 통해서 판단할 수 있다고 생각합니다. 그런 기준으로 젊은이들이 투표에 임하면 좋겠다는 생각을 하고요.

마지막으로 어떤 정치인을 선호하느냐 하셨는데 저는 정치에 대해서 거리감, 재미없다고 빠지게 된 게 김대중 전 대통령만이 거의 유일한 모델이었고 그렇기 때문에 김대중 대통령이 돌아가시고 난 다음부터는 정치에 대한 관심이 많이 떨어졌어요.

김형원   스스로 순장을 한 거죠.

구교형   네. 저는 김대중 대통령의 잘못을 잘 알고 있고요, 대변인의 입장에서 변명하고 싶은 생각이 전혀 없습니다. 그러나 한 시대에 한국 사회의 방향을 바르게 놓는 현실 정치인으로서 가장 성공한 사람으로 생각하고 있고, 한국 사회가 어디로 가야 될 것인지 가치를 놓는 데 김대중 대통령만큼 큰 역할을 한 사람이 없다고 생각을 하기 때문에 개인적으로 저는 김대중 대통령이 가장 큰 모델입니다.

배덕만   저는 요즘 기독교인들이 어떻게 정치 참여할 수 있을까, 어떻게 사회에 도움을 줄까 생각하는데요. 구 목사님이 추천해 주셔서 박원순 시장이 쓴 《세상을 바꾸는 천 개의 직업》을 집에서 큐티를 하면서 자기 전에 두 챕터씩 읽고 자거든요. 근데 놀랐어요. 저는 박원순이라는 사람을 잘 몰랐습니다. 그런데 오 모 씨가 시장할 때하고 차이가 보이는데 그 차이가 뭘까 했더니 정치를 하는 사람 가운데 무기를 들고 일터에 들어간 유일한 사람이라는 생각이 들었어요. 재주를 가진 사람이 아이디어와 프로젝트를 갖고 들어갔던 최초의 사람이 아닌가 하는 생각을 했습니다. 그러니까 다른 사람에게 휘둘리지 않고 자기 아이디어를 쏟아내는 걸 밑에 애들이 감당을 못해서 할 말이 없는 거죠. 권위가 아니라 실력으로, 아이디어로 누르니까 따라올 수밖에 없는 거죠.

제가 최근에 어떤 소설을 읽는데 그런 이야기가 나오더라고요. 경제 민주주의를 이루기 위해서는 재벌들을 감시할 수 있는 5만개 이상의 NGO가 필요하다, 근데 우리나라는 그 수가 턱없이 부족하다, 즉 정치를 하려는 친구들은 의욕은 앞서는데 머리에 든 것이 없다고 하는 거죠. 뭐가 문제인지도 모르고 그 문제를 해결할 해법도 없는 사람들이, 복지를 해본 적이 없는 사람들이 갑자기 이번에는 복지다 이렇게 내세우는 거죠. 그럼 들어가서 할 수가 없어요. 생각해 본 적이 없기 때문에 문제도 모르고 아이디어도 못 내는 거죠.

나가서 일할 수 있는 친구들은 배우이고, 배우들이 일할 수 있도록 대본을 써주는 작가들이 시민단체라고 저는 생각합니다. 지역 사회에서 시행착오를 겪으면서 현장에 근거한 문제의식과 해법들을 갖고 있고 정책에 반영될 수 있도록 아이디어를 제공해 주는데요, 공무원들은 그런 생각을 할 수가 없어요. 결국은 답을 줘야 되는데 기본적으로 돈이 안 되는 일이거든요.

제가 구 목사님 집에서 하룻밤 잤습니다. 근데 저는 처음으로 나보다 못사는 사람 만났어요. (웃음) 저보다 나이가 많고 시무도 열심히 했는데 저희 집보다 훨씬 작은 데 사는 거예요. 집에 가서 반성 많이 했습니다. 저는 제가 가난한 줄 알았더니 부르주아라는 걸 안 거죠. 근데 돈이 안 됨에도 불구하고 이 자리가 하나님의 자리이고 한국 사회를 변혁시킬 수 있는 스탠스가 여기서 나온다는 걸 알고 뿌리내리시는 분들이 있는 거죠.

《88만원 세대》에서 말하는 것이 서구에 부는 중요한 바람이 1년에 5만 불, 6만 불 벌 수 있는 변호사와 의사 자격증 있는 친구들이 돈 대신 소명, 보람을 선택하면서 시민운동에 뛰어들고 있다는 거죠. 저는 이 지점이 한국의 기독 청년들이 할 일이라고 생각해요. 서울 법대 나온 아이들이 김&장에 들어갈 수 있지만 구로동에 들어가서 아이들과 싸우면서 그 사회를 살기 좋은 대로 만들 수 있는 법안들과 기획들을 만들어 내는 이유가 그야말로 사회적 선교사들이 필요한 때라는 거죠. 저는 우리 딸한테 반드시 UN에 가라, 네가 할 수 있는 건 영어 하나밖에 없는데 그거 갖고 하나님께 영광 돌리려면 여기서 어디 들어가려고 애쓰지 말고 반드시 아프리카 가야 된다. 애가 가족관계를 끊을지 모르겠어요. (웃음) 제가 말씀 드리고 싶은 것은 교회가 정치 대표를 뽑아내는 것도 좋지만 현장에 근거한 아이디어와 프로그램을 만드는 브레인들이 기독 청년들 안에서 나와야 한다는 거예요. 하나님 나라를 위해서 십자가를 지는 의미로 현장에 들어가서. 제가 박원순 씨 글을 읽으면서 아멘이 저절로 나오는 거예요. 왜 이런 생각을 한 번도 못했을까. 왜 우리 교회는 이런 생각을 못했을까. 제가 거기서 죽기 전에 이거 한 번씩 해보고 죽어야겠다 리스트를 만들었어요. 우리 교회에서, 우리 애들한테 이거 하나씩 시켜야겠다. 그래서 제가 다음 달에 교인들과 그 책 읽습니다. 제가 리포트 내라고 그래요. 할 수 있는 것 써내라고요. 저는 그걸 여러분한테 비전으로 주고 싶습니다. 공부 열심히 하십시오.

고상환   책이 바뀌었습니다. 그걸 읽으라고 하면 어떡해. (웃음)

구교형   지금 뭘 파는지를 잘 모르시는 것 같아요. 뭘 파는 시장인지 몰라.

고상환   이분 내보내 주세요. (웃음)

배덕만   이 책은 원론이고 그 책은 각론이야.

(웃음) 저는 그 부분을 주고 싶어요. 신학교 가지 마세요. 자기 전공에서 최고가 되어서 지역으로 들어가세요. 거기서 풀뿌리 민주주의, 시민운동을 일으키고 전문가가 되세요. 여러분 지역구에 있는 사람들이, 아까처럼 김부겸 의원이 무릎 꿇고 들을 수 있도록, 돈은 없으나 내가 나사렛 예수의 이름으로 명하노니.

고상환   대구로 내려가라. (웃음)

배덕만   그런 역할을 해주는 사람들이 나와야 한국 교회가 효과적으로 시민운동과 정치운동을 할 수 있는 루트가 되지 않을까 정말 그 얘기를 여러분들에게 해드리고 싶습니다.

구교형   성도한테 천국 가라는 소리 안 하고 지옥 가라는 게 목사가 할 말입니까? (웃음)

고상환   샀꾼 목자군요. (웃음)

김형원   돈은 누가 벌죠? (웃음) 저는 경영학과

출신이라서 돈에 관심이 많아요. 돈하고 관계없는 일을 하고 있지만 돈을 버는 데도 관심이 많고요. 잘 벌어야 된다는 얘기죠. 네팔, 베트남을 최근에 다녀왔는데 네팔 가서 그런 생각 많이 했어요. 돈이 필요하다. 돈이라는 건 사람이 사는 데 정말 필요한 것이에요. 가보니까 정말 그렇더라고요.

우리나라 1인당 국민소득이 2만 불 넘어섰죠? 네팔은 1인당 국민소득이 500불이에요. 비교가 안 되죠. 정말 생존선에서 허덕이며 살고 있어요. 근데 그런 삶에서 무엇을 해야 될 것인가 고민이 되더라고요. 우리나라 상황하고 다르겠죠. 제가 주간지를 보다가 하루에 6시간 노동하는 출판사 얘기가 나왔더라고요. 보리출판사라고 혹시 보셨습니까? 예전에 충북대 철학과 교수하시던 윤구병이라는 분이 출판사를 만들었는데 변산공동체 하시는 분인데 거기에서 일일 6시간 근무제를 시도하는 거예요. 8시간 근무였는데 6시간 근무를 하면서도 직원들 임금은 그대로 하고 시작해 보는 거죠. 예전에 미국에서 시도했던 것을 해보는 것인데 얼마나 더 퍼져 나갈지는 모르겠습니다.

이 말씀을 드리는 이유는 뭐냐면 보리출판사는 영리로 하는 거죠? 영리 안 되면 망하는 거니까. 1년에 한 30권

책이 나온다고 하는데 직원들도 30명 가까이 있고 숫자에 비해서 책이 많이 나오는 것 같지는 않아요. 기획을 잘하는지 어떤지.

구교형　　　SFC출판사 팔아 주십시오. (웃음)

김형원　　　제가 배 교수님 말씀에 덧붙여서 박원순 시장이 그런 얘기를 했습니다. 그분은 NGO 활동을 해 왔기 때문에 우리나라 NGO 시장은 블루오션이라는 거예요. 다른 선진국에 비하면 NGO 숫자가 터무니없이 적다는 거죠. 그리고 앞으로 더 늘어나야 될 거다. 요즘엔 NGO가 아니라 NGI까지 나오는 시대거든요. NGI는 'Non Goverment Indivisual'. 혼자 만드는 거예요. 그래서 젊은이들한테 박원순 시장이 '여러분들 할 거 없으십니까? 그러면 혼자 NGO 만드십시오. 그쪽에서 전문가가 되고 열심히 하십시오. 할 일이 얼마든지 있습니다.' 이렇게 얘기하거든요.

4년 전에 문국현 씨가 신드롬을 일으켰을 때 그 뒤에는 유한킴벌리가 있었죠. 그 회사는 지금도 존경받는 회사 중 하나입니다. 여러 분야에 있어서 선도적인 일을 하는 회사예요. 여러분께서 혹시 그런데 관심이 있으시다면 얼마든지 할 일이 있어요.

저는 지옥에 들어가는 것과 비슷하다는 생각이 들어요. 가능해 보이지 않거든요. 근데 그것을 가능하게 만들어 내는 일은 호랑이 굴에 가서 호랑이를 잡는 일이죠. 분야마다 그런 것이 있어야 된다고 생각해요. 정치도 마찬가지죠. 현실 정치에 관심이 있다고 하면 뚝심 있게 몰아붙여 나가는 것도 필요하죠. 제가 책에서 그 내용을 썼는데 대개 정치라고 하면 중앙 정치만 생각하거든요. 지방자치제가 실시되고 있기 때문에 구의원부터 출발할 수 있어요. 여러분 나이에도 가능합니다. 25세가 넘어야 되지만 구의원으로 출발하는 것도 나쁘지 않은 거예요. 서대문구 같은 경우 1년 예산이 3천 억이 넘습니다. 3천 억 넘는 예산을 구 의회에서 예산 배정을 결정해요. 적은 게 아니거든요. 구의회 의원은 스무 명이 안 돼요. 적은 숫자 가지고 엄청난 예산을 주무르는데 서대문구 전체에 사는 사람들의 삶에 영향을 미쳐요. 정치라고 했을 때 좁게만 생각할 필요 없고 밑바닥에서부터 전문가가 되어서 해나가는 것이 필요하다는 거죠. 정치든 경제든 사회든 문화든 교육이든 여러분께서 동일한 열정으로 해내신다면 모든 것이 정치와 연결될 수밖에 없어요. 우리 삶이 다 정치잖아요. 어떤 분야든지 소명 있는 분야에서 제대로 해낸다면 다 만나리라는 생각이 들어요.

제가 존경하는 정치인은 깊이 생각해 본 적이 없어요. 괜찮은 정치인이네 생각이 든 사람은 이름만 얘기한다면 원혜영 의원 정도. 한번 찾아보십시오, 어떤 분인지. 아직 미지수이긴 한데 심상정 씨 같은 경우 찾아보세요. 어떤 것들을 했고 어떤 식으로 했는지. 이 정도 보시면 어떨까 하고요.

두 번째 질문하신 분이 교회 내 갈등, 청년과 교회의 갈등 참 어려운 문제거든요. 저도 목사 입장에서 조언하기가 쉽지 않습니다. 청년들이 와서 상담하는 것들이 많이 있어요. 다른 교회 강의 다니다 보면 교회의 전체적인 흐름과 내 생각이 다릅니다, 어떻게 해야겠습니까 이런 질문을 많이 해요. 대답하기가 곤란해요. 요즘은 어떤 식으로 대답하냐면 웬만하면 옮기십시오 이렇게 대답해요. 그런데 잘 안 받아들여요. 한계가 너무 분명하기 때문에 굉장히 조심스러워요. 교회를 청년들이 내부에서 변화시키는 것은 한국 교회 상황에서 거의 안 된다고 봅니다. 제 경험상 그리고 주변 상황들을 봤을 때 안 돼요.

교회 내에서 할 수 있는 것은 여러분 또래의 청년들에게 영향을 미치고 더불어서 뭔가 하려는 것들이죠. 어느 정도는 성공 할 수 있을 텐데 그게 지속되리라는 보장은 별로 없습니다. 시간이 지나면서 어떤 일이 발생하냐면 뭔가를 하려고 생각했는데 오히려 트라우마가 많이 생기는 거예요. 뭔가 운동을 하겠다는 사람들에게서 나오는 상처, 이게 심해지면 치유되기가 참 쉽지 않습니다. 그래서 요즘 어떤 조언을 드리냐 하면 한번 해보시고 그 안에서 개혁을 해보든지, 좋은 그룹을 만들던지 노력해 보시고 그것이 정말 한계가 있다면 결단을 하셔라 이렇게 조언을 합니다.

저는 교회 교인들에게도 설교할 때 그렇게 얘기합니다. 우리 교회는 있다가도 없어질 수 있는 교회다. 교인들이 모여서 하나의교회 사명은 다한 것 같습니다. 해체합시다. 이렇게 결정내리면 해체할 수 있다고 저는 생각해요. 그렇게 설교하고 가르치기도 하거든요. 지역 교회는 있다가도 없어지고 그러는 거예요. 에베소교회, 고린도교회 다 어디 있습니까? 그거 다 어디 갔죠? (웃음)

고상환   성경에 갔죠. 성경에 있죠.

김형원   그렇죠. 없어진 거예요. 시대적 소명 다 하면 그냥 가거든요. 어떤 면에서 본다면 상당히 많은 한국 교회가 소명을 다했다고 봐요. 문 닫는 게 하나님 나라를 위해서 훨씬 나은 교회들이 많다고 생각이 들어요. 여러분들이 그런 일을 도와주면 하나님 나라를 위해서 일조하는게 아닐까 생각이 들기도 합니다. 그러니까 여러분이 있는 교회도 이 질문은 계속 던져야 된다고 봐요. 우리 교회가 정말 하나님 나라를 위해서 존재 의미가 있냐. 아니면 교회의 존재가 일차적 목적이 된 것인가 질문을 던져야 된다 생각합니다. 물론 상황에 따라 그렇게 얘기합니다.

배덕만   저도 같은 말씀 한 가지만 드리고 싶은데요. 제가 박사 공부를 하면서 질문을 어떤 선생님께 드린 적이 있어요. 교회에서 이렇게 생각이 다르고 또 현실로부터 멀어져 있는 생각들을 하는데 어떻게 우리가 하나님의 뜻을 찾아갈 수 있을까요. 그랬더니 그분이 먼저 진지하게 앉아서 성경을 겸손하게 읽어 보자. 해당되는 구절들을 진지하게 봤으면 좋겠다. 두 번째, 자기 교회와 교단의 역사를 정직하게 들여다보면 좋겠다. 교회의 선배들이

100년 전에 혹은 50년 전에 이런 주제에 대해서 어떻게 저항하고 변절했는지 정직하게 역사를 들여다보자. 세 번째는 사건의 현장에 같이 가보자는 거죠. 용산 문제가 터졌을 때 워낙 언론의 말이 다르기 때문에 우리 눈으로 현장에 가서 느낌들을 보자.

성경과 역사와 현장에 대한 답사를 통해서 생각을 해놓으면 기존 관념을 갖고 자기주장을 반복하는 것보다는 전향적인 변화를 주고받을 수 있지 않겠는가. 저도 학생들이나 교인들한테 그렇게 해보려고 노력하거든요. 그렇게 팁을 드리고 싶어요.

김형원   제가 책에 교회 내에서 정치적, 사회적 견해가 다른 경우 어떻게 하면 좋겠는가 썼습니다. 보시면 도움이 될 겁니다.

고상환   예, 구입하시면 됩니다. (웃음) 20퍼센트 할인한다고 그래요.

김형원   교회가 정치적인 행위를 어떻게 해야 되겠는가. 교회 내 의견들이 다 다르잖아요? 그럴 때 교회

이름으로 뭘 할 수 있는가? 굉장히 중요한 이슈거든요. 촛불집회 나가는데 교회 이름 걸고 나갈 수 있냐? 이건 그렇게 간단한 문제는 아닙니다. 교회 내에는 다양한 사람들이 있으니까 여러 가지 의견이 다를 수가 있잖아요. 그러면 너와 내가 다르니까 우리는 같이할 수 없네, 이렇게 쉽게 결론 내릴 수는 없어요. 그것을 하기 위한 과정들이 필요하거든요. 그런 내용들 있습니다. 보시면 될 거 같아요. (웃음)

고상환　　　　원래는 30분 전에 끝내려고 했는데 생각보다 길어졌어요. 워낙 진지하셔서 그랬는데 마감을 해야 될 것 같습니다. 혹시 꼭 하시고 싶은 얘기 있으면 간단하게 해주시고요, 마감하겠습니다. 구 목사님부터.

구교형　　　　요점으로 돌아오면 뭐가 기독교적인 정치인가로 모아져야 됩니다. 기독교인들은 그렇게 묻잖아요. 뭐가 기독교적이냐, 뭐가 성경적이냐 얘기할 때 성경은 경제 교과서도 아니고 정치 교과서도 아니고 교육 교과서도 아니잖아요. 단답형으로 나와 있는 텍스트는 아니지만 성경에는 하나님의 정치적 사고가 들어 있고 하나님의 경제적 사고 방식이 들어 있고 하나님의 교육적 사고 방식이 분명히 있습니다. 그리스도인들이 성경을 읽으면서도 못 찾아낸다는 거죠. 세속 사회를 살고 있기 때문에 저는 하나님께서 성경적이고 기독교적인 정치가 뭐냐 답을 주신다면 그렇게 주실 것이라고 생각해요. 세속 사회이기 때문에 그것은 사회적 공공선이다라고요. 우리 시대에 꼭 필요한 가치가 뭐냐, 경제에서는 어떻게 나타나야 되고 정치에서는 뭐가 증진되어야 공공선에 합당하냐를 묻는 것이 성경적이라고 생각합니다. 성경적이라고 하면 어렵게 얘기하는데 저는 그 시대에 가장 합당한 시대정신이 성경적이고 기독교적인 것이라고 생각합니다.

배덕만   저의 문제점이기도 한데 우리가 정치 문제 앞에 너무 심각하다는 생각을 해요. 제가 그렇거든요. 근데 이걸 너무 심각하게 생각해서 선거에 지면 인생이 추락하고, 누가 대통령 되면 정말 소주 먹고 싶어지잖아요. 이것도 사람 사는 세상에서 일어나는 일상의 영역인데 너무나 많은 의미들을 정치에 부여해서 이것이 우리 삶을 완전히 좌지우지하듯 생각하면 오버하는 것 아

닌가 해요. 그래서 너무 심각하지 않으면 좋겠다. 두 번째
는 너무 냉소적이지 않았으면 좋겠다. 아까도 좋은 질문
을 해주셨는데 우리가 마지막까지 포기할 수 없는 것은
하나님이 살아 계시는데 세상도 나아질 것이다. 대한민국
도 나아질 것이다. 다음에 기회가 올 것이다는 것이죠. 그
래서 너무 비관주의자가 되지 말자는 겁니다. 젊은이들
이 이 판을 놀이판으로 만들어 가는 그런 여유
가 있으면 좋겠습니다.

고상환   짧게 진행해야 될 것 같습니다. 김 목사
님.

김형원   정치에 참여하는 목적은 하나님께서
의도하셨던 세상을 위한 시도라고 생각을 합니다. 주기도
문에서 고백하듯이 '뜻이 하늘에서 이루어진 것처럼 땅
에서도 이루어지이다'라고 고백을 하는 사람들은 이 일에
동참하기로 서원하는 것이라고 생각하거든요. 주기도문
고백할 때마다 정치를 생각해야 되고, 하나님께서 원하시
는 세상으로 만들어 나가야 하죠. 단기간에 되지는 않을
것 같아요. 우리에게 필요한 것은 지속적으로 해나가

는 것이 필요할 것 같고요. 그렇게 할 때는 아까 말씀드렸듯이 혼자 힘으로는 불가능합니다. 공동체가 필요하고요, 목숨까지도 같이할 수 있는 공동체를 형성해서 꾸준히 걸어간다면 어느 순간 하나님께서 우리와 함께하셨고 우리를 통하여 이루셨던 일을 보리라 생각이 듭니다. 한국 사회의 상황과 현실, 우리가 볼 때 만족스럽지 않다 할지라도 지금부터 한 걸음씩 나간다면 어떨까요. 마지막으로 이 책을 만드느라고 김성민 편집장을 비롯하여 SFC 출판사가 많은 수고를 했습니다. 그분들의 노고에 감사를 드리고요, 그분들의 수고가 헛되지 않도록 여러분들 많이 팔아 주셔야 될 것 같아요. (웃음)

고상환   이상으로 오늘 토크를 마치겠습니다.

음주1___

아, 보지도 마라 그 술!

고상환   기독연구원 느헤미야 팟캐스트 시간이
돌아왔습니다.

일동   우우~ (짝짝짝)

고상환   오늘 박수가 시원찮습니다. 교수님들이
밥을 덜 드셔서, 강행군을 하고 있기 때문에 힘들어하는
것 같습니다. 저는 김근주 교수님의 양해로 객원 사회를
보게 됐습니다. 우리 교수님들이 자신의 영역에서 신학적
으로 풀기 위해 좀더 긴밀하게 진행을 하려 합니다. 오늘
은 특별히 그리스도인들의 음주에 대해 살펴보는 시간 갖
겠는데요. 제가 SNS 통해서 음주 문화에 대해 궁금한 점
이나 의견들 달아 달라고 했는데 이야~ 대단했죠? 댓글
이 하나도 안 달리고 저만 하나 달고 말았습니다. 여러분
들이 아마 음주 문제에 굉장히 민감하신 것 같아요. 이렇
게 공개적으로 내세우는 게 어렵다는 것은 그만큼 저희들
도 살펴볼 필요가 있지 않나 생각을 해보았습니다. 오늘
참석하신 교수님들 소개하겠습니다.

김동춘   김동춘입니다.

조석민   조석민입니다.

김근주   김근주입니다.

김형원   안녕하세요, 김형원입니다.

배덕만   저는 배덕만입니다.

고상환   예, 한 분은 '안녕하세요'를 넣었군요.
그다음은?

한병선   예, 한병선 피디입니다.

고상환   엔지니어로 수고하시는 한병선 대표님
입니다. 저는 객원 사회를 맡은 기독연구원 느헤미야 사
무처장 고상환입니다. 교수님들도 이 문제를 두고 일주일
동안 고민을 하셨을 텐데, 첫 번째 시간에는 각 전
공 분야별로 풀어 보는 시간을 가지려고 합니
다. 그래서 첫 번째, 구약에서 술을 어떻게 이야기
하는지, 김근주 교수님께서 먼저 열어 보겠습니다.

김근주　　　포도주와 독주가 구약에서 짝이 되어 쓰이는 경우가 많습니다. 여호와께 부어드리는 전제에 포도주와 독주가 쓰였다는 민수기의 언급이 있지요. 토지 소산의 십일조를 드린 다음에 이스라엘이 가족과 레위인들과 기뻐할 때 포도주와 독주를 마시며 즐거워했다는 신명기의 이채로운 언급도 있습니다.

잠언 20장 1절에는 포도주와 독주가 사람을 미련하게 한다는 언급이 있고, 시편 69편 12절에는 독주에 취하면 의로운 길을 가는 시편 기자를 조롱하게 된다는 표현이 있습니다. 그래서 하나님께 성속과 정·부정을 가르쳐야 되는 제사장들은 포도주와 독주를 마시는 게 금지되어 있습니다.

가난하고 곤고한 백성을 공의로 재판해야 될 왕에게도 포도주와 독주가 마땅치 않다는 잠언 31장 9절 말씀이 있지요. 가난한 이들을 돌아보지 않고 자신들의 부에 취한 이들이 포도주와 독주를 마시기에 용감하다는 이사야 5장 22절이 있고, 선지자와 제사장들이 포도주와 독주에 취해서 비틀거리며 환상을 잘못 보고 그릇 재판한다는 이사야 28장 9절이 있습니다.

흥미로운 건 하나님께서 광야 40년 동안 포도주와 독주를 못 마시게 하셨대요. 왜냐하면 그들을 인도하는 분이 여호와라는 걸 깨닫게 하려고 포도주와 독주를 마시지 않게 하셨다는 것이지요.

그 외에 하나님께 자신을 구별한 나실인은 서약 기간 동안 포도주와 독주를 마시지 않아야 된다는 민수기 6장과 사사기 13장 구절이 있습니다. 이처럼 포도주와 독주가 문제가 되는 사항은 직무를 감당해야 되는 경우라고 할 수 있겠어요. 제사장이 회막에서 봉사 중일 때 마시면 안 되고, 왕이 백성을 재판할 때 마시면 안 되고, 나실인은 서약 중에 마시면 안 되고, 선지자와 제사장은 맡은 말씀을 증거할 때 마시면 안 되는 것이겠지요. 광야 길을 40년 가는 동안 포도주와 독주를 마시지 말라는 말씀 역시 비슷한 맥락이지요. 우리를 인도하시는 분이 여호와시구나 이걸 깨닫게 하려고 술을 마시지 않게 하셨다는 말씀입니다. 줄이자면 '업무 중에 술 마시지 마라'는 건 구약의 명료한 이야기겠지요.

근데 술 문제만은 아닙니다. 하나님과 백성 사이에 규례를 가르치고 전해야 되는 사람이라면 마땅히 분별력을 흐리게 하는 것들을 삼가야 할 겁니다.

이사야 28장은 에브라임을 가리켜서 술 취한 자들의 교만한 면류관이라고 부르고 있습니다. 이건 술 취함과 교만이 같이 쓰이면서 이 백성들의 술 취함이 그들의 영화와 기름짐에서 나왔다는 거죠. 그래서 이사야 28장의 영화로운 관 같이 기름진 골짜기 꼭대기에 세운 성, 면류관, 기름진 골짜기 꼭대기에 있는 그의 영화가 에브라임의 융성과 번영을 가리킵니다. 이 번영과 풍성 때문에 백성들이 교만해졌고 이사야는 그들이 술에 취한 상태라는 거죠. 술을 먹었다기보다는 번영에 취하고 기름짐에 취한 것입니다. 그러니 이 백성들이 예언을 그릇 풀고, 가난한 사람을 올바르게 재판해야 되는데 헛소리를 하게 되고, 그들의 상엔 토한 것, 더러운 것이 가득하죠.

결론적으로 저는 구약이 그런 것 같아요. 구약이 술 마시는 것을 금한다고 볼 수는 없다. 문제는 백성들을 만나고 하나님 말씀을 전하는 직무 중에 취해서는 안 되겠습니다. 술 취하면 하나님 뜻을 제대로 분간하지 못하지요. 결국 백성들은 광야 생활 중에 하나님 떠나요. 술은 한 방울도 안 마셨다고 나오지만 문제는 하나님을 떠나버렸다는 것입니다. 육신으로는 포도주와 독주를 안 마셨지만 그들은 이미 취해 버린 상태라고 할 수 있겠죠. 욕심과 허영과 교만에 취해서 하나님을 부인했다는 겁니다. 관건은 우리를 취하게 만드는 것들, 세상의 욕심과 허영 이런 것이 문제라는 겁니다.

곡식 거둔 후에 십일조 드리고, 가족과 가난한 사람들이 모여서 포도주와 독주 먹고 흥겨워했다는 신명기의 언급은 의미심장한 점이 있습니다. 포도주와 독주는 흥겨움과 즐거움의 상징이기도 하겠다 싶습니다. 근데 권력과 부를 지닌 왕이 가난한 이들의 송사를 제대로 듣지 않는다면 정신 멀쩡해도 그 사람은 취한 것이고 하나님을 떠난 자라고 하겠습니다.

고상환   그러면 직무 중, 업무 중에는 마시지 말아야 된다라고 결론을 내려도 될까요?

김근주   하나님의 뜻에 어긋난다면 술을 먹든 안 먹든 취한 자라는 것이죠.

고상환   그러니까 먹어도 되는데, 하나님 뜻을 어긋나게 하지 마라?

김근주   먹어도 된다를 겁나 강조하시네요.

일동   하하하.

고상환   그렇군요. 좋은 이야기인 것 같습니다.
그러면 신약에서는 어떻게 되어 있는지?

조석민   신약에는 명시적으로 '술을 마시지 말
라'는 표현은 찾아보기 어렵고, 술 취하지 말라는 표현이
자주 등장합니다. 신약성경에는 포도주를 약처럼 사용하
도록 권면하는 내용이 디모데전서 5장 23절에 있습니다.
'이제부터는 물만 마시지 말며 네 위장과 자주 나는 병을
위하여는 포도주를 조금씩 쓰라.' 포도주가 음료뿐만 아
니라 약용으로 사용되는 모습입니다.
누가복음 10장 34절에 나오는 대로 사마리아 사람이 강
도 만난 사람을 도와주고, 그를 치료하는 중에 가까이 가
서 기름과 포도주를 그 상처에 붓고 싸매고, 자기 짐승에
태워 주막으로 데리고 가서 돌보아 주었다는 표현을 보면
역시 포도주를 사용한 것을 볼 수 있습니다.
특별히 예수님은 포도주를 마셨던 것 같습니다. 마태복음
11장 19절에 보면 서기관과 바리새인들이 예수님을 비난
하는데 포도주를 즐기는 사람이라고 표현합니다. 그러나

즐기는 것과 취하는 것은 다른 표현입니다. 요한복음 2장 1절에서 12절까지 가나의 혼인잔치에 참석하셔서 포도주를 만드신 사건을 보면 예수님이 과연 포도주 마시는 것을 금했을까 의구심이 생기지요. 포도주가 떨어졌을 때 물로 포도주를 만드는 기적을 베푼 상황을 보면 신약성서가 술을, 포도주를 금했다 하는 것은 단정하기 어렵습니다.

다섯 군데 정도 술 취하지 말라는 표현이 나타납니다. 그런데 에베소서 5장 18절을 보면 술 취하지 말라고 하면서 방탕한 것이다, 성령으로 충만함을 받으라 합니다. 술 취함의 모습과 성령의 충만함을 비교하는데 왜 술 취하지 말라고 했을까요.

방탕한 것이라고 하는데 당시에도 음주를 즐기고 자기가 제어할 수 없는 상황에 이르는 것을 볼 수 있습니다. 로마서 13장 13절도 술 취하지 말며 음란하거나 호색하지 말라. 또 고린도전서 6장 10절과 갈라디아서 5장 21절은 술 취하지 말라 하면서 하나님 나라를 언급합니다. 하나님 나라를 유업으로 받지 못하는 사람이 누구일까 바로 술 취한 자라고 언급합니다.

이렇게 보면 신약성서에서 금주 명령이 있을까. 찾아보기 어렵다는 결론을 내릴 수밖에 없습니다. 그렇다면 왜 술 마시는 것을 권면하지 않고, 오히려 술 취하지 말라고 했을까. 당시에 술은 음료처럼 사용되었는데 술에 취함으로 말미암아 여러 방탕한 일들이 일어났기에 권면의 말을 한 것이라 볼 수 있습니다.

고상환 　　　아, 그럼 신약의 결론은 포도주를 즐기는 예수님이 취하지 않게 먹어라, 방탕하지 않게 먹어라. 이렇게 이야기하면?

조석민 　　　그런 식으로 이야기하면 술을 마시고 싶은 사람은 계속해서 그런 주장을 하겠죠.

고상환 　　　그럼 구약에서는 직무의 관련성이고 신약에서는 취하지 말라는 도수의 관련성이 있겠네요.

일동 　　　하하하.

조석민 　　　얼마나 먹어야 취하는지 개인에 따라 다르기 때문에.

고상환　　　　구약과 신약에 대해서 이야기했는데 오늘 팟캐스트에서는 자유롭게 논하면서 신학적으로 살펴보고 있는 겁니다. 자세한 이야기는 후반부에 더 이야기하죠. 이번에는 왜 외국보다 더 엄격하게 술을 규제하고 교회에서 마시지 말아야 된다 강요하게 된 배경이 있을 것 같아서 배덕만 교수님이 교회사적으로 살펴보는 시간 마련했습니다.

배덕만　　　　성서학에서는 다른 생각을 할 여지가 있는 것 같은데요. 한국 교회로 들어오면 술 문화는 다른 생각이 불가능할 정도로 명백한 입장들이 초창기부터 내려왔습니다. 제가 속한 성결교 헌법에 보니까 제27조 권덕 생활 면에 관습상으로나 사교상으로나 신앙생활에 유해하며 타인에게 부덕되는 환각제 및 주초 등의 행위는 하지 않아야 한다. 이렇게 헌법에 명시되어 있습니다.

그리고 이덕주 교수님이 초창기 한국 교회의 모습을 논한 글에 보면 사람들은 교회에 들어오면 먼저 상투를 자르고 술과 담배를 끊어야 했다. 이게 초창기부터 지금까지 내려온 한국 교회와 술의 관계성입니다. 그럼 어떻게 한국 교회는 초창기부터 지금까지 술에 대해서 엄격한 입장을 갖게 되었을까 그 배경을 잠깐 살펴보면요. 처음에 선교사들이 한국에 왔을 때 술에 대해서 엄격한 태도를 취하지 않았었다 그래요. 기록에 따르면 성탄절이 되면 교인들이 술을 빚어서 함께 나누어 마셨다는 기록도 있고.

고상환   그 기록 좀 알려 주세요.

배덕만   예배당에 들어올 때 신발장 옆에다가 담뱃대를 가지런히 정렬해 두었다가 예배가 끝나면 교인이 함께 담배를 피웠다는 기록도 이상규 교수님 글에 있습니다. 그리고 장로교 첫 번째 선교사였던 언더우드도 한때 흡연을 즐겼던 것으로 남아 있습니다. 이렇게 묵인했던 주초와 음주 문제에 대해서 선교사들이 얼마 후에 태도를 바꾸게 됩니다. 그것은 당시 한국 교회와 한국 사회에 만연해 있던 음주와 흡연으로 인한 개인적이고 사회적인 폐해들 때문이었습니다.
그래서 선교사들이 신앙적, 도덕적, 경제적, 민족적인 차원에서 술을 끊는 것이 좋겠다는 입장을 갖게 됩니다. 선교 초기부터 선교사들이 적극적으로 금주, 금연 운동을 전개하게 됩니다. 한국의 선교 상황 문제였고, 또 당시 선교사들이 한국에 오기 전에 깊이 영향을 받았던 미국의 금주 운동이 이런 영향을 준 것으로 보입니다.

미국의 청교도 신앙의 영향이라고 얘기를 하는 분들이 계시는데 그건 잘못입니다. 왜냐하면 청교도들은 럼주를 즐겨 마셨다는 것이 역사적으로 알려져 있습니다. 성공회 중심의 미국 남부 기독교는 담배나 설탕을 수출해서 경제를 이끌었고, 북부 보스턴 중심의 청교도들은 럼주를 수출했습니다. 그래서 그들은 럼주를 많이 마셨고, 제1차, 제2차 대각성을 지나면서 미국 목회자 공식 모임에 술 먹는 시간이 있었던 것에 대하여 일부 목회자들이 문제의식을 느끼게 되죠. 그래서 19세기 초반에 나이먼 비처 목사가 금주 운동을 시작한 겁니다. 이것이 한국에 들어온 선교사들에게 영향을 미쳤고, 금주 운동은 미국에서 보수 교회와 장로 교회가 연합으로 운동을 전개했던 예외적인 상황이었고요. 나중에 미국의 헌법까지 수정을 하면서 연방법에서 술을 만들거나, 판매하거나, 먹는 것을 금하기도 했습니다. 하여튼 뜨거운 감자였는데 이것이 한국에 들어온 선교사들에게 굉장히 영향을 미쳤던 거죠.

감리교, 그다음에 장로교, 구세군에서 초창기

부터 다양한 형태의 절제 혹은 금주 운동을 벌이게 됩니다. 그리고 1931년이 되면 감리교 성도 가운데 임대세라는 분이 금주가를 작곡했고, 그것이 신정 찬송가 230장에 수록됩니다. 그 내용을 잠깐 들려드릴게요. 1절이 이렇습니다.

금수강산 내 동포여 술을 입에 대지 말라. 건강, 지력 손상하니 천치 될까 두렵다. 2절, 패가망신 될 독주는 빚도 내서 마시면서 자녀교육 위하여는 일전 한 푼 안 쓰려네. 3절, 전국 술값 다 합하여 곳곳마다 학교 세워 자녀 수양 늘 시키면 동서문명 잘 빛내리. 4절, 천부 주신 네 재능과 부모님께 받은 귀채 술에 독기 받지 말고 국가 위해 일할지라. 후렴, 아, 마시지 마라 그 술, 아, 보지도 마라 그 술. (일동: 하하하) 조선 사회 복 받기는 금주함에 있느니라.

나중에는 장로교·감리교 연합 주일학교 공과 안에 절주 내용이 수록돼서 아동들과 어른들에게 술을 먹지 않도록 적극적으로 말하게 됩니다. 국채보상 운동 때 술값을 절약해서 외채를 갚자는 운동이 되고, 또 평양 대부흥 운동을 거치면서 기독교인이 성령 받고 변화된 큰 증거로 술을 끊는 것이 정착이 됩니다. 조선여자 금주회라든가 조선기독교 절제회 같은 공식적인 단체가 만들어져서 금주 문화를 확산시키는 데 중요한 역할을 하게 됩니다. 이런 과정을 통해서 한국 교회에 금주, 금연이 기독교인의 보편적인 삶의 양태로, 도덕으로 뿌리내린 거죠.

한 가지 질문이 있어요. 분명히 1880년대 후반부터 1890년대 초반까지 한국 사회뿐만 아니라 한국 교회 성도들에게 심각한 문제는 술이었습니다. 이 술을 극복하는 것이 개인은 물론 사회적으로도 중요한 문제였는데 지금도 한국 교회가 직면하고 있는 심각한 악의 뿌리가 술인가 고민을 해봐야 될 것 같아요. 시대와 이슈가 바뀌었음에도 술을 가장 중요한 주제로 두는 것은 논점을 흐리지 않겠는가 생각해 봤습니다.

고상환　　　　　느헤미야 팟캐스트는 다른 방송과 차별성이 있습니다. 교양도 되고, 공부도 합니다. 역사상 이런 팟캐스트 다시 나오긴 힘들 것 같고요. 교회사적인 문제는 그거네요. 결국 우리의 민족적·사회적·경제적 영향에 의해서 초기의 선교사들이 규제할 수밖에 없었다. 그렇지만 지금 현실에 와서는 너무 거기로 전도되는 영향도 있겠네요. 이제 이걸 종합적으로 하는 학문이 윤리입니다. 기독교 윤리에서는 현대에 어떻게 적용을 해야 되는지 김형원 교수님께서 정리하는 시간을 갖겠습니다.

김형원   이걸 윤리적으로 정리하려면 몇 시간이 걸릴지 몰라요.

일동   하하하.

고상환   3분 내에 정리해 주십시오.

김형원   신약, 구약, 교회사가 펼쳐놓으면 그걸 받아서 잘 먹는 게 윤리거든요.

고상환   아, 거꾸로 먹는 거죠?

김형원   숟가락만 가져가면 된단 말이죠. 교회사 2천 년 동안 술 문제는 논쟁이 되어 왔어요. 그리고 여러 사람들이 술에 관한 의견을 피력 했는데 크게 세 가지로 나눌 수 있습니다.
하나는 금주론. 성경적으로 절대 안 된다. 절대 술을 먹지 말고 가까이 가지도 말아라. 좀 더 나아간 사람들은 성경에 나오는 포도주는 포도 주스다. 포도주라고 보지 않아요. 그런데 포도주스는 기술이 있어야 되는데 19세기에 와야 발명이 되요. 하여튼 금주론이 있고요.

두 번째는 절제론입니다. 술 자체를 부정적으로 보는 것은 아닌데 술을 먹는 것이 지혜롭다고 보지 않아요. 그러니까 그리스도들이라면 스스로 술을 먹지 않는 것이 좋겠다. 여전히 금주를 권장합니다. 그러나 이것을 율법적으로 하는 것은 아닌 거죠. 세 번째는 적당론.

일동   적당론? 하하하.

김형원   술에 폐해가 있다는 것은 인정해요. 그러나 술의 남용에 대한 대책이 술의 제거는 아니라고 이야기하는 거죠. 루터가 이런 말을 했어요. 어떤 것이 남용된다고 해서 그것을 없애는 것은 더 큰 혼란을 야기한다. 술과 여자는 어떤 남자들에게 해를 끼치는 것이 분명하다. 그러나 이 문제를 해결하기 위해서는 모든 여자를 죽이거나, 모든 술을 없애는 수밖에 없다.

일동   루터 과격하네요.

김형원   유혹거리를 아예 없애야 되니까 여자
를 아예 멀리한다, 이게 금욕주의와 연결이 되므로 그러
면 안 된다고 루터는 본 거죠. 루터가 나중에 결혼을 하
잖아요. 성에 대한 생각이 바뀌죠. 술도 마찬가지였던 거
죠. 그래서 적당론은 술 자체를 긍정적으로 봅니다. 악한
것은 술 자체가 아니라 사람이다. 사람이 제대로 사용하
지 못했기 때문에 문제가 발생한다. 그래서 더 적극적으
로는 술도 하나님이 창조하셨는데 얼마나 멋지냐. 감사함
으로 받으면 되는 거지. 어떤 사람들이 잘못 사용한다고
원천적으로 금지해 버리면 하나님의 선하신 창조물을 내
치는 것과 다를 바 있느냐.

배덕만 교수님이 한국 교회 상황을 이야기했는데 세계 교
회사도 술이라는 관점에서 살펴보면 재밌습니다. 19세기
까지 술을 금지했던 적은 없어요. 그러니까 술 금지는 최
근에 나타난 현상입니다. 초대 교회도 술을 금지했다는
문건이 없어요. 예수님께서 포도주를 드셨듯이 그들도 포
도주를 자주 먹었다는 식으로 나와요.

중세로 올라가면 당시 수도사들이 술 제조 기
술로 정평이 났다는 거죠. 수도원에서 술 기술이 굉
장히 발전된다고 이야기해요. 지금도 천주교에서 술을 기

리는 성인들이 있을 정도로 술에 대해서 긍정적으로 본 거죠. 선교사들이 파송될 때마다 필수 항목으로 술 제조법을 가져가요. 왜냐하면 가서 성찬식을 해야 돼요. 성찬식은 포도주스, 물로 대체하지 않습니다. 포도주를 썼단 말이에요. 가는 곳마다 술 제조 기술을 보급했다는 거죠. 우리가 잘 아는 루터, 칼뱅, 츠빙글리, 낙스 모두 포도주를 즐기는 사람들이었죠. 기록에 의하면 칼뱅이 제네바에서 시무할 때 받았던 연봉에 포도주 일곱 통이 있다는 사실.

김근주　　　　설마 《기독교 강요》 쓰면서 마시진 않았겠죠?

고상환　　　　그래서 필체가 흔들리더라고요. 원본에는 필체가 흐리게 되어 있습니다. (웃음)

김형원　　　　청교도들도 포도주를 하나님의 선한 선물이라고 공식적으로 이야기하거든요. 포도주를 굉장히 좋아했단 얘기죠. 청교도들은 모든 행사에 술을 사용하는 걸로 나옵니다. 신대륙에 정착하자마자 가장 먼저

한 것이 주조 시설 설립입니다. 청교도 지도자 중에 하버드 대학 총장이었던 사람이 이렇게 이야기하죠. 술은 하나님의 축복이지만, 술을 남용하여 취하는 것은 사탄에게서 나오는 것이다. 이걸 분명히 구분 짓습니다. 존 웨슬리, 위트필드, 존 버니언, 스펄전 모두 같은 견해예요. 술 자체를 반대했던 건 없어요. 절제 운동이 나오는 건 산업혁명 이후고, 그다음에 우리나라로 흐름이 연결되는 거죠. 술 때문에 나오는 폐해가 워낙 심해지니까 어떻게 조절해야 되지 않겠느냐 이런 이야기들이 쭉 나오지만 대다수 교회는 완전 금주를 채택한 적은 없어요. 절제하고 조심해야 되겠다는 운동은 벌이죠. 하지만 술 자체가 나쁘다고 규정한 적은 없습니다.

19세기, 20세기 들어오면서 미국의 보수파가 우리나라에 들어오면서 술 자체를 죄악시하게 되는데. 기독교에서 2천 년 동안 술 자체를 죄악시한 흔적은 없었어요. 그러니까 술에 대해서 죄악시하는 성경적 근거가 별로 없어요. 근거도 거의 상황적인 이유라는 거죠. 그런데 상황적인 이유는 구약 시대에도 있었고, 신약 시대에도 있었고, 교회사 2천 년 동안 그런 상황은 늘 있었단 말이에요.

제가 볼 때는 바리새적인 경향이 나타나는 것이 아닐까.

우리가 어떤 것에 중독되는 부분들이 있잖아요. 물건에 중독된다, 그렇다고 모든 물건을 다 없앨 수는 없잖아요. 어떤 사람은 중독될 수 있지만, 어떤 사람들은 선하게 사용할 수 있는 거고. 도매급으로 몰아붙이는 것은 안 좋죠. 그러니까 예수께서 하신 모범을 따라가는 것이 주류라고 보면 되겠습니다. 나중에 윤리적인 문제가 있는데, 그건 후반부에 같이 이야기하면서 토론해 보도록 하죠.

고상환   감사합니다. 이렇게 구약적, 신학적, 교회사적, 또 윤리학적으로 보니까 방향이 잡히는 것 같습니다. 오늘은 좀 긴 시간을 해야 되기 때문에 결론은 이따가 맺더라도 서로 질문하고 싶거나 얘기하고 싶은 것 있으면 나누면 좋겠습니다. 이 구약을 보면 그 얘기를 하지 않습니까? 노아가 벌거벗고 누워 있는 바람에 저주받고, 애들이 놀리고 이런 이야기를 교회에서 많이 이야기하거든요. 술 취하면 안 된다. 아버지 실수해 가지고 애들 버려 놨다. 근데 그런 건 어떻게 봐야 됩니까, 김 교수님?

김근주   일단 노아가 벌거벗고 놀진 않았고요.

일동   아하하하.

고상환   아, 누워서 잤죠.

김근주   노아가 술이 취해서 벌거벗고 있었던 것에 대해서 포도주의 폐해라고 보기는 어렵겠다 싶어요. 저는 딱 두 가지로 정리됩니다. 술이 분명 우리를 혼란스럽게 하는 점이 있다는 공통된 인식이 신구약 성경과 교회사 내내 있는 거고요. 또 구약에서 나오듯, 예수님이 갈릴리 가나에서 그랬듯 술이 가져다주는 즐거움이 있다는 것도 명백한 것 같아요. 술이 주는 즐거움이 있고, 폐해도 있고요. 두 가지를 같이 붙잡고 가면서 내가 감당해야 될 일을 놓치지 않도록 주의해야 되는 거고, 우리의 즐거움에 술이 한 자리를 차지한다는 건 쉽게 버리거나 포기할 순 없을 것 같아요.

김형원   아까 그 노아 이야기에서 제가 생각했던 것이 뭐냐면.

고상환   네, 제 아들이 노아입니다.

김형원   그래요?

고상환   잘 이야기해 주십시오. (웃음)

김형원   노아가 술을 과하게 먹은 거죠? 그러니까 자기가 벗었는지도 모르고 잤단 말이에요. 함이 그걸 보고 놀렸는데 노아가 그날만 술을 먹었겠냐는 거죠. 늘상 먹었던 거죠. 그리고 그건 어떻게 본다면 홍수 이후죠. 그러니까 홍수로 모든 것이 없어졌는데 주조 시설을 먼저 만들었다는 얘기고 이 술이 일상생활의 하나였단 얘기예요.

고상환   아, 홍수 끝나자마자 바로 술부터!

김형원   술을 갑자기 그날만 먹을 수 없잖아요. 늘상 먹는 거였는데 그날 과하게 먹었고 뭔가 일이 발생했다는 거예요.

김근주   인사불성이 될 정도로.

김형원   그러니까 그런 구절을 놓고 봐라 이러
니까 술 먹지 마라 하기에는 근거가 안 된다는 거예요.

배덕만   저는 질문이 하나 있는데, 성경에서 노
아가 술 먹고 잔 것 때문에 결국 저주를 노아가 받은 게
아니라 아들이 받았다는 거죠? 술 먹고 누워 있는 것에
대해선 성경은 어떤 문제제기를 안 하는.

고상환   아, 그러니까 술 먹고 제가 실수하면,
우리 아들이 죄를 받는 거예요?

김근주   그 본문은 아버지의 명예를 더럽힘에
문제가 있지만, 보고 비웃은 건 함인데 저주를 받는 건
가나안이죠. 그 본문은 술도 초점이 아니고, 함도 아니고,
아프리카도 초점이 아니고, 가나안에 대한 셈의 정복을
이야기하기 때문에.

고상환   나중에 또 이야기하겠지만 직무 관계
성이라든지 그런 걸 이렇게 얘기하면 세상과 타협하는 거
아니냐는 논리도 성립되지 않을까요? 그때는 안 되고 다

른 때는 된다라고.

김근주   된다, 안 된다 자체를 성경이 말하지는 않죠. 설교를 맡았는데, 술을 엄청 마시고 가고, 맥주 몇 잔 마시고 가면 설교할 때 쉽지 않다 싶어요. 근데 설교 끝나고 예배 끝난 다음에 저도 약간 긴장되는 것이 있고.

일동   와하하.

김근주   평상시에 교우들을 만나서 축하하는 자리에 술이 있다는 걸 가지고 신앙에 걸리네 마네 자체가 말이 안 되는 이야기일 것 같아요.

김형원   교회사에 보면 기쁘게 한잔하고 설교하러 가시는 분들이 많이 있는 것 같아요. 하하하.

고상환   예수님이 물을 포도주로 만든 사건을 해석할 때 잔칫집이니까 흥겨웠다, 그러니까 그때만 포도주를 허락했다고 해석하는 사람들도 있습니다. 또는 포도주는 경건한 사람들은 안 먹었지만 예수님도 먹기 위해서

한 게 아니고 동네 사람들 대접하기 위해서 한 거니까 관용해야 된다고도 이야기하거든요.

배덕만   그러니까 아까 김 교수님이 말씀하신 것처럼 19세기 초반에 금주 운동이 시작되기 전까지는 한 번도 그런 부분 읽을 때 긴장한 적이 없다는 거죠. 지금은 그 이후 상황을 갖고 성경을 읽으니까 금주 운동의 관점으로 해석하려는 것이지, 적어도 이전까지는 누구도 크게 죄책감 가질…….

고상환   그러면 그전에 태어났어야죠.

조석민   원래 가나의 혼인 잔치에서도 포도주 자체에는 관심이 없어요. 하나의 음식이기 때문에 언제 어느 시점에 물이 포도주가 됐는지 저자는 일절 관심이 없습니다. 다만 그 사건을 통해서 예수의 정체성을 언급한 것이죠. 요한복음 2장 4절에 어머니의 요청이 있었지만 내 때가 아직 되지 않았다고 자신의 죽음을 내다보고 있는 예수를 보면 예수는 범인이 아니죠. 하나님의 아들로서 오신 부분을 나타내는 모습인데 포도주 사건으로 사람들이 깜짝 놀라게 되죠.

2장 23절, 24절, 25절을 보면 예루살렘 사람들이 그 사건을 모두 알게 됩니다. 왜냐하면 당시에 술을 마시는 문화는 일상이기 때문에요. 금주라는 주제로 해석하면 자기의 해석을 집어넣는 아전인수가 됩니다.

김형원　　　그 사람들은 예수님이 포도주를 만들었다는 것은 문제 삼지도 않았죠. 그런데 우리는 예수님이 어떻게 포도주를 만들 수 있냐고 놀라죠. 다른 음식을 만들 수도 있는 건데 하필 포도주가 떨어졌고, 그래서 포도주를 만드셨고. 그러니까 음식이 떨어져서 만들었는데 우리는 우리 생각을 가지고 읽으니까요.

조석민　　　그러니까 자기 관점을 가지고 성경을 뒤져서 금주를 뒷받침하는 구절을 찾아내려고 하니까 본문을 왜곡시키는 결과가 나타나는데 왜 신약성서에 금주 명령이 직접 나타나지 않을까. 이걸 우리 일상과 연결해서 살펴보면 간단한 문제죠. 아이들에게도 너 콜라 너무 마시면 안 된다, 밥도 적당히 먹어라. 그러니까 신약성서에 술을 금하는 것이 아니라 마시되 술 취하지 말라. 그러니까 자기 절제를 분명하게 전제해서 말씀한다고 보입니다.

김동춘   술 혹은 담배에 대해서 윤리적인 문제가 있다고 평가하는 것은 공동체의 문화관이 결정하는 것이죠. 그러니까 모든 사람들은 자기가 속해 있는, 관습화된 문화 양식을 정당화하기 위해서 성경을 끄집어내는 경우가 많습니다. 수년 전에 어느 신학교에서 강의를 하다가 술에 대해서 관용적인 이야기를 했더니 어떤 학생이 저한테 와서 술을 마시지 않아야 되는 본문들을 저한테 적어서 주었습니다. 한 가지 뜨악했던 본문이 예수님께서 마지막 만찬을 하시고 내가 포도나무에서 난 것을 마시기까지 이렇게 말했다는 거예요. 그래서 우리도 예수님 오실 때까지 포도주를 마시면 안 된다라고 해석하는 걸 봤어요.

김형원   우리가 예수님이라고 본 거네요?

일동   하하하.

김동춘   말하자면 본문의 맥락을 해석하지 않고 문자주의적으로 적용했다는 거죠. 술을 어떻게 해석해야 되느냐, 술 문화에 대해서 어떻게 해석해야 되느냐 더 풍성한 이야기가 나와야 될 것 같아요.

김형원   우리가 앞부분에서 성경적, 역사적 배경을 살펴본 이유가 여기 있는 거죠. 지금까지 술 이야기를 우리 상황에서만 너무 얘기해 버렸기 때문에 성경에서 뭐라고 하는지 귀 기울이려는 시도가 없었다는 거예요. 우리 팟캐스트가 독특하게 출발한 이유가 여기 있잖아요. 성경이 정확하게 뭐라고 이야기하고 있는가부터 출발하고, 그것으로 우리 상황을 비춰 보자. 이게 출발점인 것 같아요.

김근주   그 점에서 우리나라 신학자들이 겁나 비겁한 점이 있죠. 성경을 본인들도 인식하고 있지만 교단이나 교회의 입장이 있다 보니 두루뭉술하게 말하다가 가능한 삼가자라든지 요따위 말로……. 신학자들 겁나 비겁하다.

고상환   그래서 신학교 때려치우신?

일동   하하하.

고상환   가슴이 아픕니다.

김형원   긍정적으로는 절제론을 택할 수도 있어요. 나는 개인적으로 안 먹기로 했다고 할 수 있겠지만 다른 사람에게 강요하면 다른 문제거든요. 법으로 만들어 놓고 강요한다? 그거는 성경에서 금지되지 않은 것을 자기가 의무로 만드는 거거든요.

김근주   성경이 그 입장을 지지하기라도 하듯 슬쩍 분위기 풍기는, 아주 비겁한.

김형원   이런 측면에서는 성경을 옹호하는 사람들이 정확하게 이야기해 줘야죠.

고상환   아, 그런데 어쩌죠? 시간이 거의 마감되고 있습니다.

김근주   이제 막 터지려고 그러는데.

고상환   다음 팟캐스트를 꼭 들을 수밖에 없
는, 다음이 궁금하실 겁니다. 저희가 지난번에 방송을 통
해서 장비를 좀 구입하자 부탁을 드렸는데 여러 분들이
후원을 해주셨어요. 제가 자막으로는 못하고요, 말로 하
겠습니다. 이병선, 이원근, 이상영, 임영희, 이진숙, 공영찬,
이동주, 박연주 님 감사합니다. 상태가 아주 나아지지는
않겠지만 전보다 울리는 거는 좀 덜할 겁니다. 그리고 한
병선 대표님이 백업을 하다가 삑사리가 날 경우도 지금
대비하고 있습니다.

김형원   좀 순화된 용어를 씁시다.

고상환   아, 예, 죄송합니다. 교수님들이 점잖으
시니까 제가 오발탄을 쐈습니다. 느헤미야 팟캐스트 에고
에이미가 더 성장할 수 있도록 기도해 주시고 후원해 주
십시오. 팟캐스트를 아이튠즈에서 검색하면 두 가지가 나
옵니다. 에고에이미가 나오고, 에고 에이미 시즌 2가 나오
는데, 앞으로는 시즌 2로만 들으실 수가 있습니다. 두 개

다 상위에 랭크되어 있는데 에고에이미 1은 11회까지만 나옵니다. 그 이후는 시즌 2로 들으시면 됩니다. 오늘 고생하셨고요, 다음 주에는 음주 문화 두 번째 시간, 한국 사회와 한국 기독교에서 음주 문화가 어떻게 다뤄졌는지 얘기하는 시간 갖도록 하겠습니다. 모두 수고하셨습니다!

음주2___

포도주가 아니라 포도주스라고?

본 방송은 2013년 10월 15일 아이튠즈 팟캐스트에 업로드된 내용입니다.

고상환   기독연구원 느헤미야 팟캐스트 에고에
이미를 시작하겠습니다.

일동   우-우~ (짝짝짝)

고상환   예, 뜨거운 반응입니다. 그동안 김근주
교수님이 열심히 사회를 보셨는데 오늘도 자리를 대신하
겠습니다. 이러다 눌러 앉으면 김근주 교수님 위태로울 것
같은데 열심히 해보겠습니다.

김형원   무슨 대단한 자리라고. (웃음)

고상환   하하하. 권력 같습니다. 지난주부터 그
리스도인의 음주 문화, 술 문제에 대해 살펴보고 있습니
다. 지난번에는 구약, 신약, 교회사적으로 그리고 윤리적
으로 술 문제를 어떻게 이야기하는지 살펴봤고요. 오늘은
실제적인 문제를 더 살펴보도록 하겠습니다. 성도들이 풀
지 못하는 문제를 치열하게 공방을 하면서 풀어 줘야 되
지 않을까 생각합니다.

지난번에 미약한 부분 중에 이런 내용이 있더라고요. 성

경에서 말하는 게 술이 아니다, 주스다, 이렇게 이야기도 하고.

조석민   포도주가 아니라 포도주스다?

고상환   당시에는 술을 먹을 수밖에 없는 게 물 자체가 석회석이라서 안 좋았고 부족했기 때문에 그렇다는 내용. 연약한 자를 위해서 그렇게 이야기해야 된다는 논리들이 있는데 이런 것은 어떻게 풀어야 될까요? 김형원 목사님이 이 부분을 조사해 오신 것 같은데 어떻게 풀어야 됩니까?

김형원   딴생각하느라 못 들었어요.

고상환   물이 주스다. 아니, 술이 주스다.

김형원   성경 시대에 주스는 존재하지 않았죠. 발제에서 말씀드렸는데 주스는 화학적으로 부패하지 않도록 막아야 되거든요. 근데 그대로 놔두면 발효하고 부패하면서 알코올이 됩니다. 발효되지 않도록 처리하는 기법은 최근에 발견된 것이에요.

김근주   물이 부족했다는 것은?

고상환   물이 안 좋아서 술로 발효시켜서 먹을
수밖에 없었다.

김형원   물이 부족했지만 물은 있죠. 포도주는
어떻게 만들어요? 그것도 물이 들어가요.

김근주   물 마시면 되지, 또 발효시켜서 술을?

고상환   포도주에는 소주를 넣는 것 아닌가?

김형원   독일 사람도 물이 안 좋다고 물을 안
마시지는 않아요.

김동춘   박사 과정 학생들이 콜로키움을 하면
포도주가 곁들여 있습니다.

고상환   아, 신학생들이요? 놀랍습니다.

김동춘   한국에서 술 문제를 이야기할 때와 독일에서 지낼 때는 태도가 완전히 달라져요. 어떤 윤리적 태도나 가치판단은 속해 있는 공동체가 주는 규범이 우리를 규제하고, 작용하는 측면이 많다는 생각을 하게 돼요.

배덕만   첨언하자면 금주법이 나오기 전까지는 성만찬을 포도주로 했습니다. 근데 미국에서 금주법이 법제화되면서 술을 만들 수 없게 되니까 교회에서 포도주를 사용할 수 없고 대안으로 나온 것이 포도주스죠. 그때 웰치스에서 대박이 난 거죠. 그 이전까지 포도주스는 교회에서 사용된 적이 없습니다.

한병선   반대로 이렇게 생각할 수 있을 것 같아요. 그때는 기술이 없었기 때문에 포도주를 만들어 먹을 수밖에 없었지만 지금은 주스를 만들 수 있는데 꼭 포도주를 먹을 필요가 있느냐.

김형원   마실 수 있는 게 한 가지 늘었다 생각
하면 되죠. 그것이 포도주를 몰아낸다는 근거는 없는 거
예요.

고상환   근데 포도주를 먹으면 폐해가 있으니까
포도주스를 먹는 게 낫지 않겠냐는.

김근주   그럼 루터 이야기가 또 나와야 된다니
까요.

고상환   루터가 또 나와요?

김근주   여성을 다 없애 버려라가 된다니까요.

한병선   저는 물론 애주가고 술을 좋아하지만
흐름 자체가 강압 같은 느낌이 들어서 반론을 제기한 거
거든요. 당시에 가장 많이 마신 것이 포도주였고 지금 가
장 많이 마시는 것이 포도주가 아니잖아요. 그렇다면 다
른 걸로 대체하는 것이 문제가 있겠느냐 이렇게 얘기할
수 있지 않을까요?

김근주 　　　근데 포도주스를 쓰는 대부분의 교회들이 포도주를 마시는 사람들을 정죄하는 거니까. 포도주 먹자는 사람이 주스 먹는 사람을 정죄하지는 않는데요. 구약성경이나 신약성경이 문제시하지 않는 것을 마치 예수님께 대한 열심이 있냐고 하는 게 근본적 문제 같아요. 교회 안에 자리 잡은 위선인 거죠.

결국 우리 역사에서 금주 문제가 나온 것이 무질서, 무절제, 방탕함이 관건이었던 거고. 배 교수님이 언급하셨지만 한국 사회 근본적인 문제가 술 안 마셔서 해결될 문제는 아닌데 청년들이 술 안 마시고, 담배 안 피우면 신실한 것으로 여겨지는 것은 비참하다 싶어요. 그러니 술은 요 정도의 위치라는 점에서 제자리 잡아 주기가 필요한 것 같아요.

김형원 　　　한국 교회에서 술 문제 때문에 나라가 망할 정도가 됐다, 그래서 금주를 강하게 주장했다라고 이해해 준다고 해도 지금은 성경적인 균형을 다시 잡아 줄 될 때가 아닌가 하는 거죠.

김동춘 　　　　오늘 술 문제를 이야기하지만, 사실은 술과 담배를 같이 이야기하는 거죠? 올바른 그리스도인의 참된 표식은 주초에 대한 금지라고 하는데 과거 우리가 젊은 시절에 신학생들이 당구장 출입하는 것 정죄했거든요. 볼링도 신학생으로서 권덕스럽지 못하다고 여겼어요. 당시에는 노래방이 생기지 않았고.

이런 이야기는 뭐냐면 기독교인이 지켜야 될 도덕적 삶을 최소화하려는 소극적 윤리라는 거죠. 과연 술 담배 하지 않는 것이 능사인가. 술 담배는 멀리하면서 탈세를 한다거나 부도덕한 행위에 관여하거나. 이런 오해를 깨뜨리기 위해서는 술 담배에 대한 금기적인 사고의 틀을 깨는 것이 필요하고 술도 하나의 창조물이라는 생각을 하면서 해석할 필요가 있겠죠.

김근주 　　　　왕이 술을 안 마시는 이유가 올바른 재판을 하라는 건데 오늘날 교회는 술 한 방울도 안 마시는데 가난한 사람들은 피눈물 나고. 법무부 장관이 독실한 기독교인이라지 않습니까? 그러면서도 그런 짓을 하는 것을 보면 그거야말로 술 취한 것이라고.

고상환   그러니까 그게 오래된 레퍼토리죠. 근데 오늘 경마공원을 지나 오다 보니까 심각해요. 아침 9시부터 사람들이 경마장을 향해서 가는데 진짜 장관이었어요. 그런 걸 보니까 도박이나 유해 사이트, 중독 문제를 다뤄야 되는데 국가에서 카지노를 하고, 경륜을 하고, 경마를 하는데 이런 건 눈감고 있고요. 경륜, 도박은 하면서 술은 먹지 마라 할 수 있겠나 생각이 드는 거죠.

김형원   다 하지 말라고 하면 되겠네.

고상환   다 금지해 버릴까요?

조석민   믿지 않는 사람들이 말씀을 듣고 회심해서 돌아왔을 때 나타나는 외형적인 일들이 있죠. 술고래였는데 교회로 돌아오면서 술을 끊고 담배를 끊었다, 이런 것은 우리가 환영할 일이라고 생각돼요. 그런데 스스로 잘못됐다는 것을 알고 돌아온 사람에 대해서 술 적당히 마셔라, 하면 다른 문제인 것 같아요.

김동춘   술에 대해서 한국 교회가 부정적인 태도를 갖게 된 이유 하나가 뭐냐면 회심하고 돌아온 사람을 이야기할 때 난봉꾼, 허랑방탕한 사람이 돌아왔다고 하잖아요. 예수 믿기 이전의 상태와 새사람이 된 분기점이 항상 술이니 축첩이 결정적 기준점이 됐는데요. 현대 사회에서 비그리스도인적 삶은 술 한잔 마시는 것만이 아니라 복합적으로 연루된 거죠. 이것이 그리스도인의 참된 표시라는 것을 명료하게 가르칠 필요가 있겠습니다.

배덕만   교회 안에 두 가지 문제가 있는 것 같아요. 하나는 비그리스도인들이 개신교인들을 바라볼 때 술 담배를 안 하면서도 중요한 부분에는 기만적인 활동들을 하는 것 때문에 기독교인들을 비판하게 되고요. 최근 연구에 의하면 많은 사람들이 교회에 오는 데 걸림돌이 되는 것이 술을 금지하는 것입니다. 근데 이따 이야기하겠습니다만 목회자들이야 삶 자체가 교회에 한정되어 있기 때문에 술로부터 유혹받을 가능성이 없지만, 사업을 하거나 직장을 다니는 사람에게 술이 갖는 중요한 힘을 벗어날 수 없는데 교회에 와서는 술 때문에 집요하게 물고 넘어지니까. 그럼 이 사람들이 사회를 떠날 수는 없는데 교회에서는 정죄를 하니까 불편함 때문에 교회를 못 가고 있죠. 이 두 가지가 윤리적으로 중요한 측면이 있음에도 개신교인들을 위선자로 몰아가거나, 교회에 오려고 하는 사람들에게 장애거리가 되고 있다는 것도 들여다봐야 되는 것 같아요.

조석민　　　근데 지금은 주초 문제를 그렇게 금하거나 설교를 하는 일들은 개인적으로 많이 보진 못하는 것 같아요.

김형원　　　그건 목사가 알고 있는 거죠. 얘기하기가 그렇다는.

조석민　　　예전하고는 너무 다른 상황이 아닐까 생각을 해요.

김동춘　　　전에는 유교적 권위주의 질서가 개개인을 속박했다면, 현대 사회는 이제 사람들이 윤리적인 가치에 대해서 자율적으로 판단하는 거죠. 교회는 이 상황에서 어중간한 입장에 있다고 봐요.

심정적으로는 다 동의가 되는데, 실제로 이런 부분에 있어서 상당한 내적인 제어 의식을 가지고 있다는 거죠. 그래서 술 한 방울 입에 대는 것에 대해서 평신도들은 죄의식을 가지고 있습니다. 그 부분에 있어서 목회자들이 좀 더 적극적으로 가르칠 필요가 있다는 거예요.

김형원　　　죄 의식을 본래적으로 가진 게 아니라 교회에서 죄의식을 갖도록 압력이 존재하고 있다 이야기하는 게 맞을 것 같아요. 어느 조사였는지 모르겠는데 남성 그리스도인 중에 술을 가끔이라도 먹는다는 사람이 70퍼센트가 넘어요. 실제로 성도들은 술을 먹는다고 생각해요. 그런데 교회에서는 쉬쉬해요. 먹는다고 하면 안 될 것 같으니까.
근데 아까 조 교수님 말씀하신대로 목사님들이 술에 대해서 직접적 언급을 안 해요. 본인도 다 아는 거예요. 본인들도 어떤 면에선 술을 금지하는 게 성경적일까 의구심이 있는데 마셔도 괜찮다고 이야기하면 교단 눈치를 봐야 되고. 성도들은 보니까 다 먹고 있어. 그러니까 이러지도 저러지도 못하는 딜레마에 빠져 있다고 생각이 들어요. 그러니까 굉장히 이상한 상황이죠.

조석민   그런 점에서 푸는 것이 마땅한데 그래도 우리 사회에서 기독교인 하면 술 마시지 않고, 담배 피우지 않는 사람이라는 개념이 있어요. 그런 경우 그 사람들을 배려하는 일들은 아직 필요하다고 개인적으로 생각해요.

고상환   근데 청년들이 상담할 때 직장 가서 회식 자리 가면 불편하고, 두 자아가 싸우는 거죠. 먹어도 된다, 먹으면 안 된다가 싸우다가 갈등을 일으켜서 직장을 그만두는 사람들도 있거든요.

조석민   그런 경우에는 교회가 올바른 가르침을 주어야 하는데 우리나라에서 직장 생활하면서 술을 마시지 않는다는 것은 거의 불가능합니다. 회사를 만든 장로님도 그렇고 교회 직분자들 가운데 술 문화는 일상이거든요. 이런 점에서 청년들에게 지침을 줄 필요가 있는데요. 한잔 마시고 하는 것이 죄책감을 가질 일은 아니라는 사실을.

김형원   대통령이셨던 장로님도 정상들 모였을 때 술 한잔하시잖아요.

고상환   그거 주스 아니에요?

김형원   아니에요. 부산에서 회의할 때마다 술 마셔요. 나는 장로니까 물 먹겠습니다 이러지 않아요. 그러면 그 교단이 괜찮은지 모르겠어요.

김근주   우리가 금주에 대해서 오늘 못마땅한 게 있지만 한쪽에서는 지나치게 술을 마셔서 말이에요. 사실 직장의 술 문화라는 게 술 가지고 사업하고 접대하고 여자들이 딸려 나오면서. 판공비의 많은 부분이 술집에 들어간다 싶어요. 술자리에서 서로 나눌 때 그거 가지고 난리 치지 말고 직장을 지배하는 사악한 분위기들, 기술 개발에 힘쓰는 게 아니라 술과 관계로 다 풀어 가려는 것과 싸워야 하는 거죠.

김형원　　　　술 취함과 허랑방탕이 연결되는데 허랑방탕이 그런 의미죠. 룸살롱 가서 여자 끼고 술을. 술을 과도하게 마시는 사람들은 이게 붙어 버리는 거죠. 술 마시면 2차, 3차. 이게 허랑방탕인 거죠.

고상환　　　　그런데 직장 생활을 하는 사람들을 보면 음주 문화는 많이 개선됐어요. 요새는 회식 자리 가서 억지로 먹이는 경우는 드물고요. 마시는 양도 젊은 친구들은 딱 정해서 마시는데 문제는 사회 지도층이나 티브이가 문제인 거예요.

법조계는 2차, 3차를 공식적으로 하고, 폭탄주를 섞어서 마신다든지. 근데 사회 분위기는 점점 절주하는데 교회에서는 그런 것이 없는 것 같아요. 주일날 술 냄새 풍기는 분들도 있고 그때마다 목사님들 고개 돌리면서 핀잔 주고 그래요. 오히려 사회만도 못한 것이 아닌가 생각이 들더라고요.

김형원　　　　뭔가를 할 때 원천 금지하는 게 제일 편해요. 근데 원천금지를 하면 문제가 더 많이 발생해요. 금주령 자체가 엄청난 문제들을 만들었고 마피아들만 키워 줬잖아요. 뭔가를 원천 금지한다해도 지켜지지 않거든요. 직장 내에서의 음주 문화는 많이 개선됐다고 하지만 여전히 접대 문화는 존재합니다. 뭔가 거래해야 되는 업무로 가면 여전해요. 우리나라의 룸살롱이나 접대 문화 자체가 줄어들진 않았어요. 이건 분명히 우리나라에서 잡아야 될 문제이긴 해요.

손봉호 교수님께서 세금으로만 추적을 해도 문화를 잡을수 있다고 말씀하신 적이 있는데 맞죠. 이거를 접대비라는 걸로 면세해 버리니까 부작용들이 나오고. 그런데 이건 우리가 지금 따지는 술 자체와 별개의 문제죠. 우리나라 상황에서의 술 문화를 이야기하는 것이지 술을 마셔야 되냐는 문제는 아니죠.

김동춘   그렇죠. 술에 대한 윤리적인 판단과 술문화가 가져오는 향락은 구분해서 이야기할 필요가 분명히 있죠.

한병선   이것이 크리스천의 모습이라는 대안을만들지 못했기 때문에 술이라든가 담배가 표식이 됐는데그렇다면 이 사람이 크리스천이라는 대안에 대해 이야기하신다면 어떤 얘기를 하실 수 있을까요?

김형원　　　　아까 조 교수님이 말씀하신 대로 한국의 기독교인이라면 술 담배 안 하는 사람이라는 인식이 있잖아요. 그런데 요즘은 그렇지 않은 것 같아요. 아까 조사한 내용에 실제로 70퍼센트 이상이 술을 하거든요. 그러니까 직장에서도 이 사람이 교회 가는 줄 아는데 회식하면 같이 먹는 사람이 많아졌어요.

그러면 그리스도인들이 술 담배 안 하는 걸로 못 박히는 게 좋으냐, 전 아니라는 거죠. 성경적인 근거가 별로 없는 것을 갖다 놓고서 그리스도인은 이런 사람이라고 하면 비극이라고 봅니다. 그리스도인이라면 사랑하는 사람, 겸손한 사람, 나눠 줄 줄 아는 사람으로 인식되어야 맞는 거죠.

제자도에 들어가면 잘 아는 대로 그런 내용이 있잖아요. 술 문제는 제자도 공부할 때 안 들어가요. 세상에 대해서도 그리스도인은 이런 사람입니다를 만들어 가야 되는데 여전히 술 문제를 붙들고 있으면 소극적이고 부정적이죠. 적극적이고 긍정적인 성경적 가치로 바꿔 갈 필요가 있다는 거죠.

조석민   그런 점에서 술 문화 자체를 바꾸어야 하는데 기독교인은 술을 마시지 않는다는 것으로 문화를 바꾸려 하는데 굉장히 어려워요. 그런데 우리나라 술 문화는 독특한 게 있는데 술을 권하는 거예요. 우리나라는 술 권하는 사회인데 상사가 권하는 술을 받지 않으면 상사에 대한 불복종, 예의에 벗어나는 일로 다가오기 때문에 어려운 부분이라 생각합니다. 잔이 비면 따라 줘야 되고 따라 준 것은 마셔야 되고요. 좋은 모델을 제안하는 것이 필요하지 않을까 생각을 합니다.

배덕만   저는 좋은 모델 하나가 구세군이라고 생각하거든요. 우리나라는 구세군이 인식이 많이 안 되어 있지만 초창기 절주 운동에 구세군이 영향을 많이 미쳤어요. 영국에서도 구세군이 런던 빈민가에서 구제 선교를 하면서 시작이 됐는데 가난한 사람들이 술에 절어 있었고 망가진 삶 때문에 금주를 강하게 주장을 했어요. 이 사람들이 처음엔 그렇게 생각했고, 또 성결 운동에 영향을 받으면서 개인적 성화와 술 안 먹는 것을 주목해요. 근데 이 사람들이 시간이 지나면서 술을 먹는 이유가 도덕성 결핍이 아니라 영국 사회가 갖고 있는 구조적 문제라는 것을 인식하게 돼요. 그게 미국으로 넘어왔을 때도 미국이 산업화되면서 도시 빈민들을 구제하다가 이것이 개인의 윤리 문제가 아니라 사회구조적 문제라는 걸 역시 발견하면서 대단히 진보적인 사회개혁 운동을 구세군이 한다는 거죠.

저는 우리나라에서 술을 안 먹는 것도 중요하고, 개인적으로 술을 안 먹는 것이 경건의 증표이기도 하지만 술을 둘러싸고 벌어지는 구조적이고 시대적인 문제들을 기독교인들이 같이 씨름한다면, 단지 술을 안 먹기에 개인적으로 경건하다는 주장을 넘어서는 단계로 가지 않겠나. 개인 성결과 금주로 갔다면 한 발짝 나가서 술 문화와 씨름해야 될 구조적인 문제로 간다면 청년들한테 술 먹어라 먹지 마라의 문제에서 벗어난 생각들을 보여 주지 않을까 합니다.

김동춘   복음이 초창기에 들어올 때 서양 선교사들이 술 문화, 축첩을 봤을 때 잘못된 것이라고 판단해서 이렇게 하지 말라고 가르친 것이었잖아요. 우리 안에서 수십 년을 거치면서 도덕적 가치가 인격화 과정을 거치면서 규범의 수준이 됐는데. 이제는 교인들이 이 부분에 대해서 판단 과정을 거쳐서 술에 대해서 이성적인 판단을 해야 될 때가 아닌가 해요. 술이 가지고 있는 향락적이고 아주 퇴폐적인 것을 다 반대하는 거잖아요. 근데 술을 창조물로써 바라보는 부분이 한국 그리스도인에게 좀더 일반화되어야 하지 않을까.

김형원   하여튼 더 큰 문제로 보면 좋겠어요. 개인적으로는 내가 어떤 이유로 술을 안 먹겠습니다 할 수 있다고 봐요. 그건 개인의 문제일 수 있으니까. 제가 아는 어떤 분도 대학생 때 회심을 했는데 회심 전까지 술고래였던 거죠. 친구들도 술친구들.

그런데 회심한 다음에 이 친구가 결심한 거예요. 내 친구들이 회심하기 전까지 나는 술을 입에 안 대겠다. 이제 그 친구들이 그런 식으로 나가는 것을 바꿔야 될 필요가 있으니까. 술 자체를 배타시한다든지 정죄하는 게 아니지만 술을 안 마시겠다는 태도는 좋은 태도라고 보거든요. 이건 사람들마다 상황이 다르겠죠.

그러니까 율법주의적으로 술은 나쁜 거야, 먹으면 안 돼 하면 어려운 것이고요. 직장에 들어갔는데 술 문화가 너무 안 좋아서 문화를 바꿔 보려는 시도를 해야 되겠다.

근데 그냥 따라가는 것보다는 어떨 때는 과격한 행동을 할 때도 있잖아요. 그런 측면에서 내가 이 사람들하고 절대 술을 안 먹겠다 하면서 바꿔 나가는 시도는 괜찮다고 봐요. 그거를 율법적으로 왜 술을 안 마시냐 이런 식으로 정죄하면 안 된다는 거죠.

배 교수님이 말씀하신 대로 미국에서 근본주의자들이 했던 식으로 술 담배는 안 하지만 노예는 그대로 부리고 있는 식이죠. 우리가 이런 문제 가지고 씨름할 것이 아니라 성경적 문제를 빨리 정리하고 더 구조적이고 큰 문제에 대해서 이야기하고, 목소리를 높이는 게 필요하지 않나 하는 거죠.

고상환   금주 전통을 깬다면 염려하는 것이 교회 역사와 전통을 하루아침에 깬다는 거죠?

김형원   교회 전통이 얼마 안 된 거라고. 2천 년 동안 그 전통이 아닌 거예요.

고상환   그렇게 해석을 하는군요.

김근주   비공식적으로는 다 깨져 있죠.

조석민   2003년도에 영국에서 돌아왔을 때 제가 놀란 것은 점심에 음식점에 갔는데 여성들끼리 모여 밥을 먹는 자리에 대부분 소주병이 한두 개씩 있다는 거예요. 깜짝 놀랐어요. 음주 문화가 이렇게 확산되어 있구나 생각이 들더라고요.

그런데 우리나라는 어떤 점에서 음주 문화에 대해서 상당히 고쳐야 할 부분이 많이 있지 않나. 그러나 김형원 교수님도 이야기하신 것처럼 어떤 사람이 일부러 그리스도인을 술 마시게 한다면 거기에 반응하는 일은 있어야 한다고 봅니다.

그런 부분들과 더불어서 우리나라의 잘못된 음주문화를 바꾸는 일이 있어야 되지 않을까. 저는 개인적으로 우리나라가 술을 많이 마시는 사회가 아닐까 생각해요.

고상환   독한 술을 제일 많이, 세계에서 제일 많이 마신……

김형원   1인당 술 소비가 세계 2위라 그러죠. 러

시아가 1위인가요?

조석민   위스키라든가 이런 판매가 우리나라가
굉장히 많은 걸로 압니다.

고상환   얼마 전에 1위가 된 걸로 저는 아는데,
어쨌든.

김근주   저런 측면도 있지 않겠습니까? 누가 권
해서라기보다는 사는 게 힘들고 팍팍해서 술을 먹지 않
고는 넘겨 버리기가 쉽지 않은 거죠.

고상환   사회학적으로 보면 소주가 많이 팔리는
이유가 나와요.

김근주   그 점에서 저는 사회경제적, 구조적인
문제들이 엉켜 있다는 거죠. 이걸 도외시한 채로 개인의
문제로 술 문제를 몰고 가면 안 되겠다 싶은 게 있어요.

조석민   해마다 대학에 신입생이 들어오면 엠

티, 오티 때 술을 권해서 죽고, 이런 일들 때문에 금주 문화를 더 자극하고 기독교가 할 일처럼 보이는데 사회학 쪽에서 이런 부분들을 연구하는 분들이 있습니다. 술의 사회학에서 말하는 것 하나가 술의 역할이 노동과 커뮤니케이션을 원활하게 한다, 예전에도 김매고 힘들게 일하고 나면 막걸리 마시고 다시 일하는 거죠. 중노동하는 사람들 보면 잠깐잠깐 술 마시고 일을 하거든요. 술 힘으로 일한다고 볼 수도 있는 것이죠.

고상환　　　성령의 힘으로 일해야 되겠네요.

김형원　　　아까 말씀하셨듯이 엠티 문화라든지, 직장 문화는 사회학적으로 본다면 폭압적인 사회 분위기 문제인 거지. 군대 문화의 연장선상, 전체주의적 문화가 대학생들까지 갔다는 것에 분개해야 된다는 거예요.

조석민　　　맞아요. 그 부분입니다.

김형원　　　열아홉, 스무 살 애들도 그런 식으로 폭압적으로 하고, 선배가 내리누르고, 구타도 해요. 없어졌다고 생각했는데 어떻게 어디서부터 다시 부활했느냔 말이에요.

김근주   중학교, 고등학교도 학년 하나 높다고 유세하고, 기합 주고 말이에요. 전부 어른들에게서 온 군대 문화예요.

조석민   저는 군대에서 소주 안 마시는 것 때문에 가슴이 시커멓게 멍들 정도로 맞았어요. 그거 끝까지 견뎠어요. 사실은 한 병도 마실 수 있는데(웃음) 젊을 때 일부러 안 마신 거예요.

김근주   그 점에서 5·16 쿠데타부터 군사독재 문화인거죠. 군사독재가 한국을 지배하면서 한국 교회가 독재 정권의 비호 속에 성장하다 보니 엉뚱하게 술하고 한판 결투를 붙고 군사 문화는 내버려 둬요.

김형원   모든 일들을 개인 윤리화시키는 경향인 거죠.

김동춘　　　　술을 회사나 공동체가 강요하는 것은 개인을 집단에 귀속시키는 기능이 있는 것 같아요. 얼마 전에 저희 딸이 한 달 동안 사회복지 기관에서 실습을 하고 나서 실습 끝나고 회식을 하는데 굉장히 중요한 의미가 있었던 거예요.

근데 생각하는 것처럼 간단하지가 않더라고요. 왜냐하면 다들 하는 말이 술 안 마시겠다고 하니까 알아서 해라 그러는데 분위기는 자기가 안 마시겠다고 하면 분위기를 깨버린다는 거죠. 그래서 할 수 없이 마셨는데 마시다 보니까 취해 가지고 들어왔어요. 들어오자마자 문을 열면서 펑펑 울더라고요. 왜 우느냐 그랬더니 이유를 말하지 않는 거예요. 자기 죄책감이 있는 거예요. 엄마 생각이 많이 났다는 거예요. 크게 생각하지 말고 이것이 사회다 생각하고 지나가라 이야기했어요.

그러니까 이 사회라는 게 술을 선택해야 되는가 말아야 되는가 그렇게 간단한 문제도 아닌 것 같습니다.

김형원　　　　우리나라 문화가 온정주의 문화잖아요. 업무를 딱딱 이성적으로 처리하는 게 아니라 '우리가 남이가'로 통하는 사회고 그걸 확인하는 작업이 회식 이런 것들이잖아요. 해방 이후 60년, 70년이 되는 과정에서도 변하고 있지 않다는 사실이 답답한 거죠. 그런 분위기들이 바뀌어야 되는데 80~90년대부터 나아졌다고 생각이 되는데 2000년대에 오면서 이상하게 거꾸로 가는 현상들이 개탄스러운 거죠. 정치, 경제, 사회 모든 부분에서 거꾸로 가고 있잖아요.

김동춘   근데 상사가 주는 술을 부하 직원이 안 마시겠습니다 말하기가 어렵지 않겠어요?

고상환   그렇죠. 우리가 문화까지 얘기를 했는데 정리하는 의미에서 아까 이야기하다가 못 다룬 부분이 목회자 문제입니다. 목회자의 음주 문제. 어떻게 봐야 될까요?

김형원   아까 구약에서 김근주 교수님이 얘기한 걸 원용할 수 있을 것 같은데.

김근주   기본적인 것 아닐까 싶어요. 설교하고, 교인들 만나야 되는데 술 취하면 문제가 있을 거고. 근데 교인들과 기쁨을 나눌 기회가 있다면 얼마든지 개별적인 선택이 가능해요.

김형원　　　　근데 기본적인 원칙이 제사장주의에서 출발하고 있다는 사실이에요. 목사가 뭐 특별한 사람이에요? 똑같은 사람이잖아요. 교회 내에서 그런 역할을 맡은 사람이잖아요. 근데 왜 목사에 대해서만?

술에 중독되지 말아라 이런 것은 목사에게 중요한 얘기지만 다른 성도에게도 마찬가지죠. 중독은 기독교에서 엄하게 다루는 문제이기 때문에 이 사람들만 적용하고 그러면 나머지는 괜찮단 얘긴가요?

그러니까 이런 것들이 벌써 목사 사대주의에서 출발하는 문제라는 거예요. 다만 어떤 직무를 수행한다는 것은 유효하다고 봐요. 사회에서도 그렇잖아요. 경찰관이 술 먹고 업무를 본다면 문제 되거든요. 그건 당연한 거죠.

조석민　　　　디모데전서나 디도서에서 감독의 자격 중에 술에 인박이지 아니하고 이런 말을 했는데 당시 음료수처럼 술을 마시는 것은 일상화되어 있는데 중독 증세가 나타나는 사람들이 목회자로서의 자격이 있을까 이런 면에서 이야기한 것이란 생각을 합니다.

배덕만   이런 비교가 기분 나쁘긴 하지만 가톨릭 사제와 개신교 목사들을 놓고 사회적 평판을 할 때 개신교 목회자들이 가톨릭 신부보다 평판이 높지 않거든요. 그런데 신부들이 술을 먹는 것을 알고 있고, 개신교 목사들은 술을 안 먹는 것으로 알고 있는데 신부가 술을 먹기 때문에 종교적 권위가 내려간다든가 목사가 술을 안 먹기 때문에 종교적 권위가 높다든가 그렇지는 않죠. 개신교 목사의 음주 문제 자체가 목사의 영성이나 종교적 권위에 결정적인 게 아니다. 그런데 뭔가 중심을 놓치고 있는 것 같다는 생각이 드네요.

고상환   네, 감사합니다. 저희가 두 번에 걸쳐서 그리스도인인의 음주 문화를 다각적으로 살펴봤습니다. 인상 깊게 들은 말은 그리스도인은 술과 담배를 안 하는 사람이라기보다는 사랑하고, 겸손하고, 이웃을 섬기는 사람이다. 음주 문화에서 고민하고, 새롭게 사회를 변혁시켜 나가는 그리스도인이 되어야 한다고 생각됩니다. 기독연구원 느헤미야 팟캐스트 에고에이미 서버가 가끔 다운되고 있습니다. 접속이 많아져서요. 서버를 좀 늘려야 되겠습니다. 저희가 한국 사회, 한국 기독교에 기여하고 새롭게 할 수 있다면 좋겠습니다. 교수님들이 그것을 위해서 열심히 뛰어 줄 거라고 믿으면서 에고에이미 팟캐스트 오늘 마치도록 하겠습니다. 감사합니다.

느헤미야 팟캐스트 3
Nehemiah Podcast 3

2014. 4. 30. 초판 1쇄 인쇄
2014. 5. 9. 초판 1쇄 발행

지은이 기독연구원 느헤미야
펴낸이 정애주
곽현우 국효숙 김기민 김의연 김준표 김진성
박상신 박세정 박혜민 송민영 송승호 염보미
오민택 오형탁 윤진숙 임승철 정한나 조주영
차길환 한미영

펴낸곳 주식회사 홍성사
등록번호 제1-449호 1977. 8. 1.
주소 (121-885) 서울시 마포구 양화진4길 3
전화 02) 333-5161
팩스 02) 333-5165
홈페이지 www.hsbooks.com
이메일 hsbooks@hsbooks.com
트위터 twitter.com/hongsungsa
페이스북 facebook.com/hongsungsa
양화진책방 02) 333-5163

ⓒ 기독연구원 느헤미야, 2014

• 잘못된 책은 바꿔 드립니다.
• 책값은 뒤표지에 있습니다.

ISBN 978-89-365-1025-1 (03230)

김동춘

총신대학교 신학과와
총신대학교신학대학원을 졸업하고 독일
하이델베르크(Dr. theol.)에서 조직신학을
전공하였다. 국제신학대학원대학교
조직신학 교수로 재직 중이며
현대기독연구원과 기독연구원
느헤미야에서 사회 속의 제자로 살아가는
평신도 양성에 힘쓰고 있다.
《전환기의 한국 교회—복음과 사회적
제자도를 위한 신학》 외 여러 책을 썼다.

배덕만

드류 대학교에서 미국교회사 전공으로
박사학위를 받았고, 미주성결교회에서
목사안수를 받았다. 현재는 대전에서 네
명의 여인들(숙경, 수연, 소연, 서연)과
함께 살면서, 복음신학대학원대학교에서
교회사를 가르치고, 주사랑성결교회에서
담임 목회를 하며, 종종 서울에 올라와
기독연구원 느헤미야에서 가르치고 있다.
미국 교회와 한국 교회의 역사적 상관
관계에 주목하면서, 성령운동, 교회와
국가, 교회개혁 등을 연구하고 있다.
《한국 개신교 근본주의》 외에 몇 권의
책을 썼고, 《미국의 종교》 외에
몇 권을 번역했으며, 학술지 〈종교연구〉
에 '한국신학과 세계신학의 한 가교로서
오순절 신학' 등의 논문을 썼다. 나이가
들어도 청년의 가슴으로 살고 싶은 '과한'
욕심을 품고 산다.

구교형

중학교 2학년 때 신앙생활을 시작했다. 1987년 겨자씨형제단을 만나면서 교회 생활의
변화를 맞이하고, 박철수 목사님과 함께 성경 공부를 하면서 말씀이 꿀송이 같다는
의미를 깨달았다. 충북대학교 철학과에 재학할 당시 현 시국에서
하나님을 믿는다는 의미를 고민했고, 말씀을 스스로
이해하고 싶어 총신대 신대원에서 신학을 배웠다. 경실련
간사, 남북나눔운동 간사를 거쳐 분당두레교회와
안양석수교회에서 약 7년간 교회 사역을 했고,
교회개혁실천연대 사무국장, 통일시대평화누리 사무국장,
성서한국 사무총장으로 일했다. 현재는 찾는이광명교회
담임목사, 한국복음주의교회연합 총무로 일하고 있다.

조석민

총신대와 합동신학대학원대학교를
졸업하고 목사안수를 받은 후 목회
현장을 경험했고 영국 브리스톨로
유학하여 요한복음을 연구하였다.
현재 에스라성경대학원대학교에서
신약학을 가르치고 있으며 광명시에
있는 함께가는교회에서 주일마다
설교하고 있다. 영국 셰필드에서 출판된
《제4복음서의 예언자 예수》(Jesus as
Prophet in the Fourth Gospel)와
《요한복음의 새관점》, 《그리스도인의
세상 보기》 등의 저술이 있다. 클래식
음악과 영화를 좋아하며, 성경만 알고
세상을 모르는 무식한 사람이 되지
않으려고 인문학에 관심을 갖고 온갖
종류의 책을 읽으며 발버둥 치고 있다.

한병선

대학에서 생물학을 전공했다. 중학생
때부터 사진 찍기를 즐겨하던 그녀는
대학생 때 학보사 사진기자, IVF
(한국기독학생회) 미디어팀에서 일하며
실력을 쌓았다. 결혼 후 미국에서 살다
3년 후 귀국하여 1998년 좋은교사대회
홍보영상을 제작하면서 본격적으로
영상 제작에 뛰어들었다. 그 후 기업
홍보영상, 학교 홍보영상을 비롯하여
기독교윤리실천운동 등 기독NGO
홍보영상 등을 제작해 왔으며, 2004년
영상프로덕션 '한병선의영상만들기'를
설립했다. 최근에는 기획 다큐멘터리와
영상 자서전 제작에 힘쓰고 있다. 지은
책으로는 《코끼리 아저씨와 고래 아가씨
결혼 탐구서》, 《이름 없는 선교사들의
마을, 블랙마운틴을 찾아서》가 있다.